JN074178

グローバル連結収益管理のベストプラクティス

VUCA時代を生き抜く真の経営管理とは

アビームコンサルティング株式会社【著】

中央経済社

はじめに

　皆さんの中には，本書の表題から「グローバル企業」に関するテーマだから自分には関係がないと思われる方もいるかもしれない。筆者はむしろ後述する「ベストプラクティス」にも着目していただきたいと思う。

　そもそも「グローバル企業」とは，どのような企業かご存知だろうか。よく似た用語に「国際企業」「多国籍企業」というのが挙げられる。IBMのCEOであったサミュエル・パルミサーノ（Samuel J. Palmisano）は，2006年に企業による国際化対応モデルを3段階で示している。

1．国際企業（International Corporation）
2．多国籍企業（MNC：Multinational Corporation）
3．グローバル企業（GIE：Globally Integrated Enterprise）

【国際化対応モデル】

	国際企業	多国籍企業	グローバル企業
モデル	19世紀型	20世紀型	21世紀型
機能	大半は本国本社に集中し，海外子会社は販売・製造の一部機能を担う	海外子会社は地域固有の機能を持ち，本社は共通機能に絞られる	世界全体で全体最適を繰り返し，コスト・スキル・環境などに応じて配置，変更できる
リソース	本国本社中心	多国籍	すべてのリソースが結合され，最適な場所に移動できる
特徴	本社中心の現地化・効率化が行われる	個別最適が可能な反面，地域性の相違や重複が発生し得る	知識・情報の標準化や共通化は必要だがITによって実現できる

（出所）「グローバルに統合された企業」を基にアビームコンサルティングにて作成

　では，「グローバル企業」として，具体的にどのような企業をイメージされるだろうか。筆者は，世界的に拠点を展開し，かつ世界的に評価されている企業であり，それは，時価総額（次頁図表単位はUS＄）の大きさで表されるのではないかと考える。時価総額は「発行済株式総数（規模）×１株当たりの株価（市場の評価）」で計られるからだ。

　過去，世界経済を牽引してきた製造業はTOP10から姿を消しつつあり，現在はICT（情報通信技術：Information and Communication Technology）関連製品・サービス企業が台頭している。しかも，ICT関連企業は，直近の６年間で時価総額が５倍にも跳ね上がっているのは驚くばかりだ。なお，４位のサウジアラムコは世界最大の原油供給企業で，９位のバークシャー・ハサウェイは世界的にも著名な投資家ウォーレン・バフェット（Warren E. Buffett）が率いる機関投資企業であることから，TOPに連なるのは，グローバル企業ばかりである。

　グローバルに展開する企業には投資家も多くなり，発行株式数は増加する。そのためにも，国際間の比較可能な会計の物差しが必要である。それが，後述するIFRS（国際財務報告基準：International Financial Reporting Standards）である。

　魅力ある企業の株価は上昇する。TOP10企業で実績が見劣りする自動車産業のテスラ（６位）においてはEV（電気自動車：Electric Vehicle）に特化することで，将来の実績を見据えた機関投資家のESG投資（環境・社会・企業統治に配慮している企業を重視・選別して行う投資）を見事に手中に収めたのである。結果的に，返済不要な株式市場から多くの資金を調達するためには，グローバル展開と自社の魅力をうまくアピールできた企業が条件といえそうだ。

　いずれにせよ，世界経済の牽引企業が交代したことから，いかに効率的にモノづくりを行うかを培ってきたFab（工場：Fabrication Facility）からFablessに市場ニーズが変化したということ，つまり，いかに素早く顧客のニーズを開発・設計に反映できるかというビジネスモデル（メーカー主導からユーザー主導）に置き換わったといえるのではないだろうか。

【時価総額ランキングの変遷】

No.	1995年		2005年		2015年		2021年	
	企業名	時価総額	企業名	時価総額	企業名	時価総額	企業名	時価総額
1	エスコム	1,357億	ゼネラル・エレクトリック	3,703億	アップル	5,569億	アップル	2.91兆
2	NTT	1,284億	エクソンモービル	3,495億	アルファベット	5,280億	マイクロソフト	2.53兆
3	ゼネラル・エレクトリック	1,203億	マイクロソフト	2,784億	マイクロソフト	4,432億	アルファベット	1.92兆
4	AT&T	1,031億	シティグループ	2,455億	バークシャー・ハサウェイ	3,253億	サウジアラムコ	1.91兆
5	エクソンモービル	1,000億	BP	2,198億	エクソンモービル	3,245億	アマゾン・ドット・コム	1.69兆
6	コカ・コーラ	939億	ロイヤル・ダッチ・シェル	2,083億	アマゾン・ドット・コム	3,168億	テスラ	1.06兆
7	メルク	808億	プロクター・アンド・ギャンブル	1,988億	フェイスブック	2,960億	メタ・プラットフォームズ（旧：フェイスブック）	9,356億
8	トヨタ自動車	794億	ウォルマート・ストアーズ	1,949億	ゼネラル・エレクトリック	2,940億	エヌビディア	7,329億
9	ロシュ・ホールディング	778億	トヨタ自動車	1,873億	ジョンソン・エンド・ジョンソン	2,842億	バークシャー・ハサウェイ	6,686億
10	アルトリア・グループ	754億	バンク・オブ・アメリカ	1,853億	ウェルズ・ファーゴ	2,777億	台湾セミコンダクター	6,239億

（出所）1995年～2015年資料は内閣府「第6回基本計画専門調査会」配布資料，2021年資料は世界株式時価総額ランキングと株価上昇率（2021年12月末）を基にアビームコンサルティングにて作成

　これは，かつて小売業日本一に輝いていたダイエーがメーカー主導の定価から小売主導の価格設定を進めたビジネスモデルの変革により拡張路線を進めていた姿にも似ている。最後は衰退の憂き目にあってしまったため何が最も望ましいのか，結論を出すのは難しい。

　かつての有害な煙を排出する蒸気機関車から電気機関車へ，高速化を目指して鉄輪式鉄道から磁気浮上式鉄道（リニアモーターカー）へ，最近のスポーツの世界では素足感覚の軽量シューズから厚底高反発シューズへなど，最も効率の良い・効果の高い技法やプロセス（ベストプラクティス）は常に進化を続けてきた。変化のないベストプラクティスは存在しない。簡単ではないが固定概念にとらわれず，試行錯誤を経て自社のベストプラクティスをぜひとも見出していただきたい。

　少し，日本のグローバル化の現状を確認してみよう。日本企業の海外子会社保有数は2000年代前半から増え続けており，特に上場企業においては国内マーケットのみでビジネス展開を行っている企業のほうが少ない状況である。

【日本企業が保有する海外現地法人数の推移】

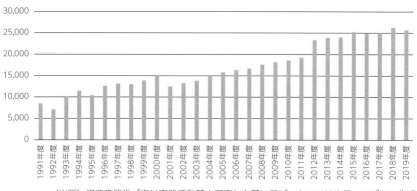

（出所）経済産業省「海外事業活動基本調査」を基にアビームコンサルティングにて作成

　企業が海外マーケットへ参入しグローバルにビジネス展開を行っていけば当然のことながら，現地法人ばかりでなくグローバル企業が競合相手となりシェア拡大か撤退かという厳しい競争にさらされることとなるだろう。

　こういったグローバル企業と互角に戦うためには自社グループのグローバルでの経営状況を把握し，迅速に意思決定を行っていく必要があるものの，日本企業の多くはタイムリーな経営情報の把握や，迅速な意思決定を行うことが苦手な傾向にあるといわれている。ただし，これについては必要な情報をどのように収集し体系化するのかが決まれば，ITを駆使して対応することにより解決する問題である。要は，するのか・しないのか，経営者の決断次第である。本書は，「グローバル連結収益管理のベストプラクティス」と銘打っているが，海外マーケットへ参入している企業に限定したものではない。なぜなら，国内拠点のみで活動する中小企業であっても，調達した材料（加工前素材を含む）は海外製が多いため意識せずとも海外取引（間接取引を含み）を行っているからである。これからの時代は国内ルールのみならず，国際的なルールにも視野を広げ，世界では今何が起こっているのか，だから何をしなければいけないのか，数年先を見越して目指す方向を示し，目標を実現するための戦略を立て，具体的な行動をいち早く取ることができる企業のみが生き残るチャンスを手にすることができるのである。

　特にビジネスの世界では，世界的なルールを欧米が決めている。これがグローバルスタンダードであり，抗うことのできない決めごとである。ならば，早々に受け入れて対応するのが賢いやり方である。何も，ルールの目的に沿う必要はない。ゴールにたどり着くまでには多くの副産物で賑わう市場があるはずだからである。ここでいう副産物とは，自社の完成品ではなく，生産過程に付随して得られる産物を指し，他社製品との組み合わせや技術提携・販売提携など自社で完結する物だけにとらわれてはいけないことを意味している。市場を発見する，あるいは自ら作り上げるのも世界的なルールの下で勝ち残るための重要なファクターである。

　本田技研工業は２輪車という既存分野で売上高・販売台数ともに世界市場№.

1を継続しているのは稀有なケースだろう。ただし，世界総販売台数から見て市場は縮小傾向にある一方で，最大市場のインドにおいては現地企業がシェアを伸ばしており，世界販売台数の占有率でも猛追している実情がある。一方で，輸送機器のトヨタ自動車は，富士の裾野に未来都市づくりを行っている。また，電気機器のパナソニックやソニーグループは，コンセプトカー（自動車）を発表・テスト走行も行っている。

　よって，既存の技術の延長線のみならず全く新規の分野を開拓するのも首脳陣の務めである。

　挑戦と無謀は紙一重であるが，適切な情報による計画からの挑戦と行き当たりばったりの行動とは天地の差がある。だからこそ，経営計画（予算編成）を策定する上で情報収集は欠かせないのである。

　一方で，前述した時価総額という観点からは「良いものを作れば必ず売れる」というプロダクトアウト的発想からは脱却して，自社の取組み（魅力）を株式市場にアピールすることも必要である。後述しているが，CFO部門としては会計の枠組を利用して株式市場に魅力（売上高・利益率・保有資産・支払能力・配当能力など）を積極的に発信する「会計戦略」も実行いただきたい。

　本書は，新型コロナウイルスというパンデミックの最中に執筆している。世界的に経済環境は悪化している中で，どのような観点で行動するのかを検討する際に，参考にしていただきたいと願っている。

2022年5月

執筆者一同

目　次

第4章
グローバル連結収益管理の実践

第5章
グローバル連結収益管理の未来

第1章

グローバル連結収益
管理とは何か

1　グローバル連結収益管理とは

(1)　経営戦略と古くからの教訓

　収益管理とは何だろうか。端的に言うと会計という財政状態や経営成績を把握する手段を使って自社の経営管理を行うことである。会計は財務会計と管理会計に大別される。財務会計は企業外部の利害関係者に財務状況を報告する役割があり，管理会計は企業自身の財務状態を把握するとともに，今後の発展に向けた目標値を定める役割を担っている。同じ会計でも別物なのだ。今回は，後者の管理会計がテーマである。

　管理会計は経営戦略を遂行する上で，予測と結果を会計という一定の尺度で測定するものである。したがって，まずは経営戦略について確認してみよう。

　戦略とは本来「将軍の術」であって，軍事用語として広がった後は，戦いに勝つための大局的な方法や策略を指すようになった。よって，経営戦略とは，経営の目的（目標）を達成するためのシナリオをいう。何も，頭を抱えてまで自社固有のオリジナリティを追求する必要はない。世に伝わる過去の教訓や方法論を参考にすれば，シナリオも比較的容易に策定できるだろう。

　例えば，古より伝わる孫氏の兵法（紀元前500年頃）は，現在でも通ずる教訓である。

　有名なところでは通称，『敵を知り，己を知れば，百戦しても殆うからず』がある。

- 彼を知りて己を知れば，百戦して殆うからず。
- 彼を知らずして己を知れば，一勝一敗す。
- 彼を知らず己を知らざれば，戦う毎に必ず殆うし。

「敵情を知って味方の事情も知っていれば百回戦っても危険がなく，敵情を

知らないで味方の事情を知っていれば勝ったり負けたりし，敵情を知らず味方の事情も知らないのでは戦うたびに必ず危険になる」と訳す。

「味方の事情」とは，もちろん企業の人・物・金・情報であることは理解できるだろう。では，「敵」とは何か，狭義には同業他社であり，広義には市場における需要と供給関係の情報といえる。

つまり，経営戦略に通ずる管理会計においては内部情報（環境）のみではなく，外部情報（環境）も取り入れることが理想形ではないだろうか。

孫子の兵法にはその他，多くの教訓がある。

一言集約①：『備えあれば憂いなし』

【用兵の法は，その来らざるを恃むこと無く吾が以て待つことあるを恃むなり】

「用兵の原則としては，敵がやって来ないだろうという憶測をあてにするのではなく，自軍に敵がいつやって来てもよいだけの備えがあることを頼みとするものだ」と訳す。

打って出る前に，まず足元から固めよということである。すなわち，十分に練り上げた経営計画を立案し，周知徹底することは成功への段取り八分につながるのである。

一言集約②：『周りの状況から先を読む』

【鳥の起つ者は，伏なり】
【獣の駭く者は，覆なり】
【塵高くして鋭き者は，車の来るなり】

「鳥が飛び立つのは，伏兵がいるのを示している。獣が驚いて走り出して来るのは，敵の奇襲攻撃があることを示している。砂塵が高く舞い上がり，その先が尖っている場合は，戦車部隊が進撃して来ているのである」と訳す。

つまり，自社の置かれた状況，市場の環境から打って出る方向を検討する。先手必勝とはよく言ったもので，囲碁の世界にコミ（先手が後手に対して6目

半のハンデを負う）があるように，先手を打つことは非常に有利な戦いになる
のである。

一言集約③：『時には撤退する勇気も必要だ』
【用兵の法は，十なれば則ち之を囲む】
【五なれば則ち之を攻む】
【倍すれば則ち之を分かつ】
【敵すれば則ち能く之と戦う】
【少なければ則ち能く之を逃る】
【若からざれば則ち能く之を避く】
【故に小敵の堅なるは大敵の擒なり】

　「軍隊を運用するときの原理原則として，自軍が敵の10倍の戦力であれば，
敵を包囲すべきである。5倍の戦力であれば，敵軍を攻撃せよ。敵の2倍の戦
力であれば，相手を分断すべきである。自軍と敵軍の兵力が互角であれば必死
に戦うが，自軍の兵力のほうが少なければ，退却する。敵の兵力に全く及ばな
いようであれば，敵との衝突は回避しなければならない。だから，小兵力しか
ないのに，無理をして大兵力に戦闘をしかけるようなことをすれば，敵の餌食
となるだけだ」と訳す。

　絶対的に有利な状況下はさておき，勝てる見込みがないとわかった以上，長
居は禁物である。被害が出る前に衝突を回避すべきである。現代社会における
リスク管理の重要性を示している。かつて，ビデオ戦争と呼ばれた「VHS対
ベータマックス」のように，品質的には優位な後者であったが，自社製品を捨
ててまで販売力のある企業が前者を採用したことから，後者は市場撤退に舵を
切った事案もある。ターニングポイントを見極めることは重要だ。日本企業は
保守的な傾向が強いといわれている。チェンジマネジメントを成功させるのも
経営者の腕の見せ所である。

一言集約④：『戦わずして勝つ』

【百戦百勝は，善の善なる者に非ざるなり】

【戦わずして人の兵を屈するは，善の善なる者なり】

　「百回戦って，百回勝利を収めたとしても，それは最善の策とは言えない。実際に戦わずに，敵を屈服させるのが最善の策である」と訳す。

　現代ビジネスに置き換えると，正攻法で競合するだけではなく，互いに疲弊するのを避け技術を高め合い販売網を補うために，相手と交渉し業務提携やM&A（合併・買収）を行うのも選択肢である。

一言集約⑤：『敵のいない所を攻める』

【千里の道を行きて労せざる者は，無人の地を行けばなり】

【攻めて必ず取る者は，其の守らざる所を攻むればなり】

　「千里もの長距離を遠征しても疲労が少ないのは，敵のいないところを進むからである。攻撃すれば必ず奪取できるのは，敵が防御していないところを攻めるからである」と訳す。

　かつての中国市場進出はまさにこれであった。新たなマーケットを模索するのも時間を要する。ならば，諸外国が勧誘する経済特区（税制面での優遇や規制緩和などの特別措置が設けられた地域）に進出するのも一考である。

　古の教訓から経営目的（目標）を達成するためのシナリオづくりのヒントを見つけることはできただろう。次は，実行計画をいかにして構築するかを検討しよう。

⑵　グローバル連結収益管理の概念

　では，グローバル連結収益管理とは，一体どのようなことをするべきなのだろう。

　まず，「グローバル」とは，本来『球体』を意味するグローブ（globe）からきており，『地球・地球儀』⇒『地球規模』⇒『全世界的な』ということを表

すようになった。「収益管理」とは管理会計であり，財務会計とは別物である。ご存知のとおり，「管理会計」は，自社の経営に活かすために作成するもので，データの収集方法や様式などにはルールは存在しない。どのような目的で作成し，どのような要素を取り込むのかは自社の判断で決めることができる。ここでは，現在・あるいは将来の収益（売上，コスト，利益，キャッシュ等）を多面的にとらえ，今後の経営戦略を立案し，目標を計画，実現に向けたアクション，改善を行う活動ととらえている。最後に「連結」に触れたいと思う。ここでいう「連結」は既存の子会社や関連会社を含めた制度対応のみではなく，将来的にありたい組織も含めて創造してみようという意味を込めている。

　つまり，グローバル連結収益管理とは，

ⅰ．当社がすでに持つ全世界的な拠点で活動する予実管理
ⅱ．当社が全世界的に活動した（打って出た）場合のシミュレーション

　さらには，「はじめに」にて前述したとおり，

ⅲ．国際的なルールに従った場合の進むべき姿

と，大別できるのではないかと考えている。
　前述しているが，すでに海外展開をしている企業のみが対象ではなく，国内のみで展開している企業にも必要な要素だと考える。
　1つ目の「当社がすでに持つ全世界的な拠点で活動する予実管理」の場合，既存組織における事業の予実管理（予算編成・予算統制）であり多くの企業が実施しているものと思われ，古典的な製品や事業分析手法としてBCG（Boston Consulting Group）のPPM（Product Portfolio Management）が思い浮かぶ。

【Product Portfolio Management】

　「問題児」は，導入期から成長期にある製品。シェアを拡大できれば「花形」になるが，成長が低下すると「負け犬」になる諸刃の剣。

　「花形」は，シェア，成長率ともに高い製品である。企業の収入源でキャッシュ・フローの源となっている。1人勝ち状態になれば「金のなる木」へ移行する。

　「金のなる木」は，成熟市場で資金の流入が多く流出が少ない。ここで得た資金を問題児や花形の投資に当てる。

　「負け犬」は，資金の流入はなく成長も低い状態。損害を最小限に食い止めるために撤退や経営資源の回収（他社への売却，技術の転用など）が必要となる。

　つまり，「味方の事情」を分析して次の事業（製商品）開発につなげる分析手法で，事業のライフサイクルが見えてくるのだ。もちろん，これだけでは情報不足でありマーケットニーズは不可欠である。

　2つ目の「当社が全世界的に活動した（打って出た）場合のシミュレーション」の場合には，内部・外部の環境分析が必要で，同様にSWOT分析が思い浮かぶ。

【SWOT分析】

	プラス要因	マイナス要因
内部環境	強み (Strength)	弱み (Weakness)
外部環境	機会 (Opportunity)	脅威 (Threat)

（出所）アビームコンサルティングにて作成

　SWOT分析は，自社の事業の状況を内部環境（自社が持つ資産やブランド力，品質など）のプラス要因の「強み」とマイナス要因の「弱み」，外部環境（自社を取り巻く市場の競合，法律など）のプラス要因の「機会」とマイナス要因の「脅威」に分けて現状を整理し，課題を抽出して打ち手を検討する手法である。つまり，外部環境を分析することによって「敵」の姿が見えてくるので，

【グローバル連結収益管理と財務会計の比較】

項目	グローバル連結収益管理	財務会計
作成目的	自らの目的達成ツール 事業全体でなくても一プロジェクトのみでもよい	一会計期間の結果を利害関係者や税務当局へ報告
ルール	財務会計の基準に縛られない 非財務関連の情報も含まれる	一般に公正妥当と認められる会計基準 （金商法・会社法・業法・税法など）
管理対象企業	自社＋グループ会社＋α：既存のみならず仮想を含む 逆に管理したい単位に絞ることも可能	自社＋グループ会社：既存のみ
グローバルの定義	既存の拠点に縛られない 販売や調達をワールドワイドに仮想展開することも可能	一般的には海外に拠点を展開済み
監査・統制	内部管理（リスク・課題管理）は必要	法定監査，内部統制は必須

（出所）アビームコンサルティングにて作成

打ち手も検討しやすくなる。ライバルは国内企業のみではなく，欧米や中国企業も対象だ。販売先（エンドユーザー）のみならず，調達先も含めて，強み，弱み，機会と脅威が何であるのか検討したい。これによって，未実現組織や取引のシミュレーションを行うためのインプットになる。

いったんここで「グローバル連結収益管理」の概念を財務会計と比較して整理しておこう（前頁参照）。

繰り返すが，グローバル連結収益管理には作成を制約するルールはない。自社の目的に合わせて社内の環境，世の中の環境に関して情報をしっかり収集し，会計の形態に落とし込んで構築していただきたい。

(3) 財務会計（財務三表）の概念

財務会計とグローバル連結収益管理は別物と表現した。とはいえ，全く情報源を異なものとするには情報収集の観点から効率が悪い。よって，「グローバル連結収益管理」を構築する際には，財務会計のデータも活用するのがよい。

では，財務会計の目的は何だろうか。先にも述べたように，株主や金融機関をはじめとした社外の利害関係者に財政状態や経営成績を把握してもらうこと

【財務三表の目的】

貸借対照表（B/S）
(Balance sheet)
一時点の資産，負債，純資産の状態を表示

損益計算書（P/L）
(Profit and Loss Statement)
一会計期間の収益と費用の状況を表示

キャッシュ・フロー計算書（C/F）
(Cash Flow Statement)
一会計期間の資金の出入りを表示

（出所）アビームコンサルティングにて作成

である。

　（財務）会計に関する知識をあまりお持ちではない方にも理解いただけるように，少しその構造を確認してみたい。

　まず，中心となるのが財務三表と呼ばれる貸借対照表・損益計算書・キャッシュ・フロー計算書である。

　それぞれの関係を示すと以下の図のとおりである。

【財務三表の関係図】

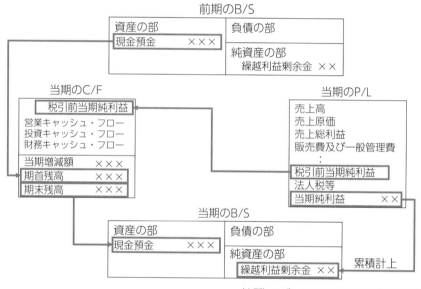

（出所）アビームコンサルティングにて作成

　では，財務三表から何がわかるのかを順を追って説明する。

①　貸借対照表

　貸借対照表は，決算日時点・月末時点など一時点の状態を表示する。大きく「資産の部」「負債の部」「純資産の部」の3つに区分される。

　従来，負債は他人資本，純資産は返済不要の自己資本として（純資産＝株主

【貸借対照表（yy年3月31日現在）】

資産の部	負債の部
Ⅰ.流動資産 　　現金・預金 　　受取手形 　　売掛金 　　有価証券 　　棚卸資産 　　　： 　　その他の流動資産 　　貸倒引当金 Ⅱ.固定資産 　有形固定資産 　　建物・構築物 　　機械 　無形固定資産 　　のれん 　　ソフトウェア 　投資その他の資産 　　投資有価証券 　　長期前払費用 Ⅲ.繰延資産 　　開業費 　　社債発行費	Ⅰ.流動負債 　　支払手形 　　買掛金 　　短期借入金 　　未払金 　　賞与引当金 　　その他の流動負債 Ⅱ.固定負債 　　長期借入金 　　退職給付引当金
	純資産の部
	Ⅰ.株主資本 　　資本金 　　資本剰余金 　　利益剰余金 　　　利益準備金 　　　その他利益剰余金 　　　　繰越利益剰余金 　　自己株式 Ⅱ.評価・換算差額等 Ⅲ.新株予約権
総資産	総資本（負債＋純資産）

（出所）アビームコンサルティングにて作成

資本＝自己資本）と表現されていたが，2006年施行の会社法によって別々の扱いとなっているので要注意だ。

● 流動資産＞流動負債

　　流動資産は1年以内に換金できる資産で，流動負債は1年以内に支出する負債だ。流動資産が流動負債より大きい企業は支払より入金が大きいことを意味する。逆に流動負債が大きい場合，資金ショートを起こす可能性がある危うい企業を意味する。

● 固定資産＜固定負債＋純資産

　　固定負債は1年超で支出する負債で，純資産は返済不要な資金である。固定負債と純資産の合計より固定資産が小さいというのは，長期保有する固定資産を安定した資金で購入したことを意味する。逆に固定資産が大きい場合には，短期的に支払う流動負債が含まれているため資金ショートの危険がある。

● 純資産÷総資本

　　純資産は返済不要な資金であるため，総資本に占める割合が大きいほど経営基盤は安定しているといえる。逆に純資産の割合が小さいと，借金が多いと考えられるため元本返済と利息負担を危惧することになる。

② 損益計算書

　　損益計算書では，売上のように資金が流入する取引を「収益」，給料や交際費のように資金が流出する取引を「費用」として区分し，収益から費用を差し引いて利益を求めている。

　　「販売費及び一般管理費」とは本業の活動費を指し，「本業」とは企業の定款に記載している「事業の目的」にある営業活動をいう。例えば，不動産業として定款に「不動産の売買，賃貸借，管理，仲介，保有及び運用，それらに係る付帯サービス」を目的としていた場合，生活用品の販売はいずれの目的にも該当しないため本業には当たらず「営業外収益」に計上することになる。

　　このように，利益を区分することによって何で儲かったのかを把握することができる。

　　日本では利益重視の偏重から，貸借対照表よりも損益計算書を重要視するケースが多く見受けられる。皆さんは，「勘定合って銭足らず」という言葉を聞いたことはないだろうか。

　　利益が出ているのに資金が足りないことをいう。理屈の上ではうまくいっているはずなのだが，実際はうまくいっていないたとえであり，商売に置き換えれば俗にいう黒字倒産を意味する。現金取引できればよいが，一般的な商いは掛け取引なのである。

【損益計算書（自yy年4月1日〜至yy+1年3月31日)】

本業で発生した費用	売上高 売上原価	
	売上総利益	販売額から仕入値を差し引いた利益。製造業の場合は「売上原価」⇒「製造原価」として表示する。最初に登場する利益区分のため「粗利」と表現されることもある。
	販売費及び一般管理費 　販売手数料 　広告宣伝費 　役員報酬・給料手当 　交際接待費 　旅費交通費 　地代家賃 　減価償却費 　雑費	
	営業利益	本業で稼いだ利益。
本業以外で発生した損益	営業外収益 　受取利息・配当金 営業外費用 　支払利息・割引料 　雑損失	
	経常利益	本業で稼いだ利益に本業以外の収益や財務活動の損益を加味した利益。「けいつね」と表現されることもある。
例外・異常時に本業以外で発生した損益	特別利益 　固定資産売却益 特別損失 　減損損失	
	税引前当期純利益	企業活動全般で獲得した利益。
	法人税等	
	当期純利益	法人税・住民税・事業税等の税金を支払った後の最終利益。

（出所）アビームコンサルティングにて作成

以下，「勘定合って銭足らず」の一例を紹介する。

【取引条件】

運転資金は100円，家
賃＠10円／月
当月60円／個を1個
仕入
当月末に代金支払
翌月半ばに仕入商品を
100円で販売
販売月の翌月末に代金
回収

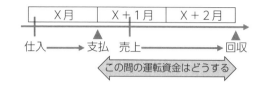

貸借対照表
（X＋1月現在）

現預金	20	資本金	100
売掛金	100	繰越利益	20

利益は出ているが売掛金を回収
するまでは運転資金が不足

損益計算書
（自X月～至X＋1月）

売上高	100
売上原価	60
売上総利益	40
家賃	20
当期純利益	20

【留意すべき取引事例】

● 在庫が異常に増加している場合
　代金支払の元手はどうする？
　上記の例で同じ商品を3個仕入れて売れた
　のは1個の場合

● 売掛金や受取手形等の売掛債権が異常に増
　加している場合
　代金回収までの運転資金はどうする？

● 買掛金や支払手形等の買掛債務が異常に増加している場合
　代金支払の元手は，支払後の運転資金はどうする？

売上原価

期首棚卸資産	＋	0
当期仕入	＋	180
期末棚卸資産	−	120
売上原価		60

売上原価は上記と同額と
なるため利益は出るが，
運転資金は不足

（一例全般の出所）アビームコンサルティングにて作成

③　キャッシュ・フロー計算書

● 営業活動によるキャッシュ・フロー

　本業での資金の流れであり，企業が資金を生み出す能力を表している。企業に
とってはプラスが望ましい。マイナスの場合には，投資資金を自己資金で賄えず
財務面に関しても借入金の返済資源がないこととなる。与信管理上も好ましくは
ない。

【キャッシュ・フロー計算書（自yy年4月1日〜至yy＋1年3月31日）】

税引前当期純利益 　減価償却費 　減損損失 　受取利息及び配当金 　支払利息 　固定資産売却・評価損益 　売上債権の増減 　棚卸資産の増減 　支払債務の増減 　その他営業活動による増減	営業活動
小計	
利息及び配当金の受取額 　利息の支払額 　法人税等の支払額	
営業活動によるキャッシュ・フロー	
有価証券の取得による支出 　固定資産の取得による支出 　その他の金融資産の売却 　子会社の取得による支出	投資活動
投資活動によるキャッシュ・フロー	
短期借入金の増減 　長期借入金の増減 　社債の増減 　リース債務の増減 　資本金の増減 　配当金の支払額	財務活動
財務活動によるキャッシュ・フロー	
現金及び現金同等物の増減額	← 当期の成果
現金及び現金同等額の期首残高	
現金及び現金同等額の期末残高	

（出所）アビームコンサルティングにて作成

● 投資活動によるキャッシュ・フロー

　　有価証券や固定資産といった事業拡大に関係する投資資金の流れである。マイナスの場合には積極的経営がうかがえるが，営業キャッシュが生み出した金額内

が望ましい。営業キャッシュを超えている場合には，金利を負担して外部からの
資金調達を要していることを意味する。逆にプラスの場合には，投資した資産を
売却して資金を捻出しているケースが多く，営業キャッシュと合わせて資金繰り
が厳しいことも想定できる。売却して資金が必要となった理由を分析したほうが
よい。

● フリー・キャッシュ・フロー

　営業キャッシュと投資キャッシュの合計であり，企業が自由に運用できる余剰
資金であるため，プラスであることが望ましい。マイナスの場合には手許資金が
不足していることを意味する。プラスであっても，その金額が大きい場合には，
投資に消極的な可能性を秘め，成長性に不安を残す。

● 財務活動によるキャッシュ・フロー

　金融機関からの資金調達・返済，株主からの資金調達・配当の支払など，財務
収支を表している。マイナスの場合には，資金返済が進んでいることを意味するが，
営業キャッシュの範囲で行われているのか否かを確認したほうがよい。プラスの
場合には，資金の使途を分析したほうがよい。

　財務会計はそれぞれの企業の作成レベルに大きな乖離が出ないように，制度
により様式が定められており，開示項目が明示されている。一方で，グローバ
ル連結収益管理には決められた様式や開示すべき項目などのルールはない。

　今日に至るまでの財務会計は，合理的な考えや新しい取引に応じて改訂を繰
り返している。少し，財務会計の歴史を振り返ってみようと思う。

<u>2</u>　なぜ，今グローバル連結収益管理か

(1)　財務会計の歴史や時代背景

　グローバル連結収益管理の必要性を知るために，まず，日本における財務会
計の歴史や時代背景，トレンドの流れを振り返ってみる。

　世界的に見ても会計の概念は古代から存在していたと言われている。近代では，産業革命成熟期に金融取引の中心地である英国で1844年会社登記法による準則主義が採用され，上場会社の貸借対照表の具備と会計監査人の選任を要求している。1849年には，歴史的監査法人である現在のプライスウォーターハウスクーパース（PwC：PricewaterhouseCoopers）の母体（Samuel Lowell Price）事務所が創設されている（PwCのホームページ「PwCの歴史」より）。日本では遅れること100年，企業会計原則が1949年に公表され，証券取引法により法定監査が導入されたのは翌1950年のことである。

　日本経済の高度成長に合わせて，ニューヨーク・ロンドンと並んで東京証券取引所は「世界三大証券取引所」と呼ばれるようになり，会計基準の水準も世界一厳格と言われた米国会計基準（US-GAAP）に近づいていった。

　金融市場においてはライバルに続けと，低迷していた日本の経済市場を再生し，ニューヨーク，ロンドンと並ぶ国際市場としての地位を確立する狙いの下，当時の橋本内閣は1996年に『金融ビッグバン』を提唱した。米国では，1975年にニューヨーク市場で大規模な証券市場改革がなされ，続いて英国で1986年に証券取引の手数料が自由化され（「ビッグバン」という言葉が初めて使われた）ロンドン市場には世界中から資金が集まったとされる。

　日本では，1980年代の後半から1990年代にかけて，経済成長著しい金融機関を含む企業の膨大な資産が土地や株の購入にまわり，地価や株価は泡が膨らむように上昇した（バブル経済）。実体のないバブル経済は1990年以降崩壊し，金融機関は貸金が回収できず経営破綻に陥り，企業は金融機関の貸し渋りにより資金不足で倒産するケースが相次いだため，国策の見直しに迫られた。それが，日本の「金融ビッグバン」であり，推進のためのインフラ整備として会計制度の拡充を図ったものが「会計ビッグバン」である。

　不祥事を起こした金融機関の多くは，「飛ばし」と呼ばれる会計操作を行っていた。親会社本体の業績を粉飾するため，子会社や関連会社に赤字移転をしていたのだ。好景気に溺れ，すぐに補填できると考えていたのかもしれない。また，取得時点や取引時点の価格を帳簿価額とする取得原価主義は取引の証拠

書類としての客観性を有してはいるが，金融商品のような時価の変動を狙った
取引には有効とはいえなかった。企業の成長とともに複雑化する取引に会計基
準が追いついていなかったのである。これらが引き金となって，ガラパゴス化
しつつある国内会計基準もグローバル化を目指し，IFRSの前身であるIAS（国
際会計基準：International Accounting Standards）と同質化を目指すことに
至った。

　会計ビッグバンでは，①連結財務諸表制度の改訂，②金融商品の時価会計の
導入，③企業年金会計の導入が特に影響が大きかったといえる。

①　連結財務諸表制度の改訂

　日本の連結会計制度は，子会社を利用した粉飾への対策から1977年に制度化
されていたが，あくまで個別（親会社個社）が主体で連結が従であった。改訂
により，連結主体となったことで，連結外しができにくくなり，「飛ばし」は
著しく減ったと思われる。親会社の経営主体から外れた事業やリスクは受け皿
扱いしてきた子会社に移転できなくなり大規模なリストラにつながったのは否
めないが，グループ全体の健全経営に舵を切るきっかけにはなったと思われる。

②　金融商品の時価会計の導入

　金融商品の時価会計においては，それまではオフバランス取引の代表例で
あったデリバティブ取引で生じる正味の債権・債務について原則，時価評価す
ることになった。ゴルフ会員権についても従来は明確な会計基準がなかったの
で，含み損が生じていても表面化することはなかった。これらについては，利
益目的の所有，または財産形成の評価を行う上で合理的な方法であったと思う
反面，企業間の持合株式に対しても時価評価することになり，安定株主を構成
する上で不可欠であった取引先との持合いによる評価損は，売買目的の所有で
はないにもかかわらず計上しなければならず，特に銀行や生保会社では利益圧
迫につながった側面がある。

③　企業年金会計の導入

　厚生年金基金制度を持つ企業の場合，基金（独自の上乗せ部分）とともに厚生年金の一部は企業が国から預かって運用していた。従来，退職一時金については退職引当金として内部積立てされ，企業年金については毎期所定の掛け金が金融機関や保険会社に費用処理されてきた。しかし，従業員の退職に対してどの程度の負担が必要かは明らかにされてこず，退職金や年金の支払原資は低水準にとどまっているのが実態であった。そうした退職給付を統一した見積方法に基づき計算し，その積立不足額を会計上の負債として開示しようとしたのが企業年金会計の目的である。

　この結果，多くの企業で積立不足が明らかとなった。1966年にスタートした厚生年金基金は，最盛期には1,883基金あったとされ，一時は厚生年金被保険者の受給者率3割を占めていたが，解散の方向へと流れるのである（企業年金連合会の厚生年金基金の統計によると2021年現在は5基金）。

2002年	確定給付企業年金法 施行（代行部分を返上して，確定給付企業年金へ移行可）
2014年	改正厚生年金保険法 施行 ・施行日以後は厚生年金基金の新設は認めない ・施行日から5年間の時限措置として他の企業年金制度への移行を促進する ・施行日から5年後以降は，健全基金以外の基金に解散命令を発動する

　総じて，会計ビッグバンによって簿外項目（時価差額や積立不足など）が財務諸表に組み込まれることによって，より正確な開示が行えるようになった。

　欧州中心の冬季スポーツのように日本が活躍するとルール改訂が行われるという恣意的なものではなく，財務会計のルール改訂は，会計学として，または株主に対する開示内容をより合理的なものとすることを目指していると思われ

る。

　一方で，管理会計（収益管理）は己を知るための手段でもある。開示する必要はなく，批判されるものでもない。

　よって，制度上はオフバランスの項目（自己創設ブランドや「のれん（著作権・特許資産）」，人的資源など）であっても，管理会計（収益管理）上は資産計上することにより，本質的な財政状態や経営成績を把握することによって安全性や成長性の実態を分析し，目指す方向を検討する材料にするのも一考である。

　IFRS（国際財務報告基準：International Financial Reporting Standards）の存在については，ご存知の方も多いだろう。EU諸国が中心となって2005年から採用した会計基準であり，今や会計基準のデファクトスタンダード（事実上の標準）である。その原型は会計基準の国際的調和化を目的に，ロンドンを拠点として，オーストラリア，カナダ，フランス，ドイツ，日本，メキシコ，オランダ，アメリカ合衆国の職業会計士団体（監査法人，公認会計士協会）の合意によって1973年に設立された国際会計基準委員会（IASC）によるもので，日本も当初からの中心メンバーであったことを知る人は少ないだろう。

　IFRSは当初，米国会計基準（US-GAAP）と比較され，原則主義と呼ぶ人もいたが事実は異なる。国際会計基準づくりに20年経過した頃にはアメリカ主導になっており，米国会計基準（US-GAAP）のコピーと揶揄されていたようだ。欧州では，域内市場の統合・単一通貨の導入，そして共通の会計基準導入に至った経緯の中で不完全ではあるが国際標準になり得るIFRSを採用することで，アメリカの影響を大きくしないための方策を打ったのである。未完の基準ではあるが，改訂を繰り返したことにより，今では十分に細則主義といえる水準の基準になっている。各国の思惑や商慣行を1つのルールで計るには時間を要したのである。

　会計基準設定主体であるIASB（国際会計基準審議会：International Accounting Standards Board）を傘下に持つIFRS財団（IFRS Foundation）は，サステナビリティ分野に取り組むこととなった。

2021年11月に開催されたCOP26（気候変動問題に対処するための国連のグローバル・サミット）において，

- 国際会計基準審議会（IASB）と並ぶ新たな組織として，ISSB（国際サステナビリティ基準審議会：International Sustainability Standard Board）を設立すること
- 2022年 6 月までに，IFRS財団がCDSB（気候変動開示基準委員会：Climate Disclosure Standards Board）およびVRF（価値報告財団：Value Reporting Foundation）を統合すること
- TRWG（技術的準備ワーキング・グループ：Technical Readiness Working Group）から，「気候関連開示」と「サステナビリティ開示一般要求事項」に関する 2 つのプロトタイプが発行され，ISSBはこれを基に2022年 3 月までに公開草案を公表する予定であること

を発表した[1]。

VRFは，IIRC（国際統合報告評議会：International Integrated Reporting Council）とSASB（サステナビリティ会計基準審議会：Sustainability Accounting Standards Board）とが2021年 6 月に統合して誕生した組織であり，サステナビリティ分野で乱立していた基準が一本化されることになる。

ISSBは，手始めに気候変動分野から取り掛かるとしており，この分野では他にTCFD（気候関連財務情報開示タスクフォース：Task Force on Climate-related Financial Disclosures）が存在している。そのフレームワークは気候変動関連開示の基盤と位置づけられている。日本取引所グループ（東京証券取引所）は，2021年11月にTCFDに賛同する国内上場企業（259社）を対象に実態調査を実施し，その内容を公表している[2]。TCFD提言では，「ガバナンス」「戦

1　参考文献：企業会計基準委員会（ASBJ）プレスリリース「IFRS財団が，国際サステナビリティ基準審議会，CDSB及びVRFとの統合，並びに開示要求のプロトタイプの公表を発表」（2021年11月 3 日）。
2　参考文献：日本取引所グループプレスリリース「「TCFD提言に沿った情報開示の実態調査」の公表について」（2021年11月30日）。

略」「リスク管理」「指標と目標」に関する11項目の開示が推奨されている。賛同した国内上場企業は259社であったが，11項目すべての情報を開示していた企業は42社にすぎず，36社においては全く開示されていなかったとしている。まさに日本お得意の「総論賛成，各論反対」が如実に表れている結果となった。

　いずれにせよ，環境省をはじめ経済産業省や金融庁も真剣に取り組んでおり，東京証券取引所における新たな上場区分（2022年4月から）のプライム市場は，気候変動に関する開示が必要となる。「気候関連財務情報開示」は，言い換えれば外部報告用の管理会計（収益管理）であり，前述した「当社がすでに持つ全世界的な拠点で活動する予実管理」「当社が全世界的に活動した（打って出た）場合のシミュレーション」に続く3つ目のグローバル連結収益管理，つまり，「国際的なルールに従った場合の進むべき姿」である。これも海外から発信されたルールであるが，元を返せば発信源は日本である。

　1992年に開催された「地球サミット」の中で「気候変動枠組条約」が作られた。地球温暖化（気候変動）に対する各国の取組みの枠組みを示したもので，1997年に『京都議定書』が採択された。対象国は先進国のみで目標達成義務があったことから温室効果ガス排出量トップの米国が2001年に離脱するなど軌道に乗ることが困難となったが，2004年にロシアが参加することとなり消滅の危機は脱した。その後，発展途上国を含む国連加盟国すべてを対象とし，目標達成義務に代えて5年ごとに削減目標を更新し定期的に進捗状況を評価する方式のパリ協定が2015年に採択された経緯がある。つまり，気候変動に取り組む国際的なスタートは京都発なのだ。

　菅内閣は2020年10月の所信表明演説において，2050年までにカーボンニュートラルを目指すことを宣言した。国が発したルールに従って民間企業も「気候関連財務情報開示」に取り組む必要がある。

　日本は，世界地図では極東に位置しており，北米プレート・ユーラシアプレート・太平洋プレート・フィリピン海プレートと，4つのプレートの上に乗っかっている。世界中で発生しているマグニチュード6以上の地震の2割が日本周辺で発生しているという[3]。

　1995年1月17日には戦後初の大都市直下型地震「阪神・淡路大震災」が発生した。震度7の揺れは5万人超の死者と負傷者を出し，住まいやライフライン，道路・鉄道に甚大な被害をもたらした。復興には10年はかかるといわれた震災も，翌年には大部分の瓦礫が撤去されたことには驚かされた。震災発生から1週間程度で電気は開通，2週間後の1月末には電話回線は復旧，水道も2月末には仮復旧し，ガスは4月中旬には復旧していたという。これは，日頃からライフラインのリスク管理が十分になされた結果といえるのかもしれない。

　一方で，2011年3月11日に発生した東日本大震災は，最大40メートルを超える津波や被害範囲が広いこと，原子力発電所の被害もあって，三陸沿岸道路が全線開通したのは2021年12月のことである。東北地方にある工場の操業停止はサプライチェーンに大きな被害をもたらした。改めて，リスク管理の見直しを迫られる教訓となったのである。

　天災は国内だけの問題ではない。アジア・ヨーロッパ・アフリカ・アメリカ・オセアニアと5つの地域に区分した場合，アジアは災害数・被害額で4割，被災者数で9割近くを占めるという[4]。「日本産業の裏庭」とも呼ばれるタイでは，タイ政府の外資企業誘致を背景に，自動車産業や電器産業の世界有数の生産地となっている。ASEAN主要国の中でも最も工業化が進展したマレーシアにも日本企業が数多く進出しており，アジア経済拠点のシンガポール，製造拠点のタイに隣接していることもあって半導体産業が成長している。2011年にタイで発生した洪水のような自然災害リスクが散見される中で，中国やインド，東南アジアへのハブ的役割を担うエリアであるため欠かせない投資先である。海外へ進出する際には貿易の利便性だけではなく，急激なインフレや通貨の急落・国債の債務不履行，政権交代・戦争や内乱・自然災害等々のカントリーリスクも管理しなければならない。

　企業運営や経営の話になると，プロフィットセンター，コストセンターという用語を耳にする機会がある。プロフィットという単語は，利益や収益という

3　参考文献：一般財団法人国土技術研究センター「国土を知る/意外と知らない日本の国土」。
4　参考文献：内閣府防災情報のページ「世界の自然災害の状況」。

意味を持ち，ビジネスにおいては，プロフィットセンターは「利益を生み出す部門」を指して使われる用語である。

　企業の中で利益を生み出す部門といって真っ先に浮かぶのが営業部門だろう。実際には，営業企画やマーケティング部門，メーカーの製造部門，経営戦略部門などもプロフィットセンターに位置づけられることもある。企業によっては，支店や営業所をプロフィットセンターと定義する場合もある。

　プロフィットセンターでは，その部門に関する収入と費用の双方が集計され，差額である利益を最大化するミッションが与えられる。なお，国内においては1933年に「事業部制」を実施し，プロフィットセンターの概念を導入した経営の神様と呼ばれる松下幸之助氏（現パナソニック創業者）が有名である。

　コストセンターとはプロフィットセンターの対になる概念であり，企業にとっては利益を生むことなく「コストとなる部門」を指している。総務や人事，経理部などの間接部門がこれに当たり，研究施設や倉庫部門などもコストセンターに含まれることが多いようだ。

　コストセンターは，部門に係る費用を最小限にすることをミッションとしている。

　このプロフィットセンターとコストセンターの考え方は企業によって異なってくる。製造部門をプロフィットセンターとした場合，利益率の高い製品に注力するようになる。製造工程が複雑で難易度が高い製品であっても，大きな利益が見込めるならば積極的に対応するものである。一方で，コストセンターと位置づけた場合には，製造コストの高い製品は中止し，製造コストの安い製品に注力するだろう。

　これを管理会計（収益管理）において体系的に整理すると，変動費と固定費に分解して限界利益を算出し，事業部利益や管理可能利益まで落とし込んで業績評価につなげる手法もある。

　もう一歩踏み込むと，1959年の創業以来「アメーバ経営（全社員参加型の経営手法）」に取り組んでいる稲盛和夫氏（京セラ・第二電電創業者）が提唱するように，「時間当たりの付加価値」を追求する手法も使われている。

　海外に目を向けると，1980年代にハーバード・ビジネス・スクール（HBS）
教授のロバート・S・キャプラン（Robert S. Kaplan）が提唱（歴史的には複
数名からの影響を受けている）した活動基準原価計算（Activity-Based
Costing）があり，1992年前後から活動基準管理（Activity-Based
Management）に発展した。活動基準原価計算は製造間接費の配賦をより適正
にするために，従来の原価計算手法では直接費（金額・時間）を基準としてい
たものを製造間接費に係る活動を基準として配賦するものである。理論的には
優れた原価計算・管理の手法であり一部のコンサル業界では流行ったが，残念
ながら実務において膨大な作業量を必要とすることから実際の導入率は低いと
されている。
　同じくHBS教授のキャプランと世界四大会計事務所の1つであるKPMGへ

【バランス・スコアカード】

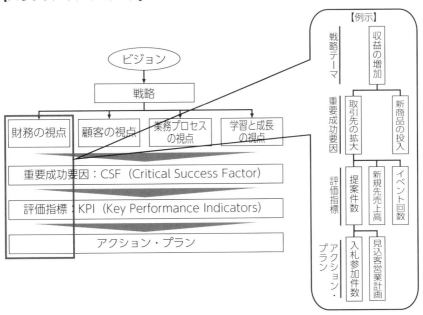

（出所）アビームコンサルティングにて作成

買収により籍を移したデビッド・P・ノートン（David P. Norton）は，新しい経営モデルとしてバランス・スコアカード（Balance Scorecard）を1992年に発表した。管理会計（収益管理）が何となく定着している日本人にとっては特に違和感がないものであり，戦略を「財務の視点」「顧客の視点」「業務プロセスの視点」「学習と成長の視点」の4つに落とし込む考えは，一定のフレームワークとして活用できるのではないかと考える。もちろん企業によってカスタマイズするのも間違いではない。

　時代の流れ，環境を背景にして企業に求めるもの，企業が求めるものに変化がみられる。また，回避すべきリスク（不正・災害・サプライチェーン・カントリーなど）も考慮したいところだ。この世に普遍的なものはないかもしれないといった柔軟な発想で管理会計（収益管理）を構築していただきたい。

⑵　収益管理のための経営指標

　経営指標（財務分析）は，経営者，株主ともに高い関心を持っている。

　指標には5つの観点があり，収益性・安全性・活動性・生産性・成長性を分析する。

　前述のとおり，日本では戦後の高度成長時代を過ごした経験から，損益（損益計算書）偏重主義のような考え方がある。売上高・利益（売上総利益・営業利益・経常利益・税引前当期純利益・当期純利益）をいかにして増加させるかが論点となっていた。したがって，利益率や成長率を重んじる傾向にあった。

●売上高利益率

$$売上高利益率（\%）= \frac{利益}{売上高} \times 100$$

●売上高成長率

$$売上高成長（\%）= \frac{（当期売上高 - 前期売上高）}{前期売上高} \times 100$$

　株主視点では，配当利回りぐらいしか評価基準はなかったとされるが，1960年～70年代には米国から株価収益率や株価純資産倍率の考え方が入ってきたとされる。

● 配当利回り

$$
配当利回り（\%）＝\frac{配当}{株価}×100
$$

● 株価収益率：PER（Price Earnings Ratio）

$$
株価収益率（倍）＝\frac{株価}{EPS（1株当たり利益）}
$$

● 株価純資産倍率：PBR（Price Book-value Ratio）

$$
株価純資産倍率（倍）＝\frac{株価}{BPS（1株当たり純資産）}
$$

　金融・株式の『会社四季報』（東洋経済新報社）では，1991年4集から自己資本利益率，2000年4集からは，総資産利益率が追加掲載された。株主視点での指標といえる。

● 自己資本利益率：ROE（Return On Equity）

　ROEは，投資家が投資した資本に対し，企業がどれだけの利益を上げているかを表す指標であり，数値が高いほど経営効率が良いことを示している。

$$
\begin{aligned}
自己資本利益率（\%）&＝\frac{当期純利益}{自己資本}×100\\
&＝\frac{EPS（1株当たり利益）}{BPS（1株当たり純資産）}×100
\end{aligned}
$$

● 総資産利益率：ROA（Return On Asset）

　投下された総資産（総資本）利益率を高めることは，利益率の改善または総資

産を減らせて効率性を高めることによって実現される。

$$総資産利益率（\%）= \frac{当期純利益}{総資産} \times 100$$

　1990年代の米国では，フリー・キャッシュ・フローやEVA（税引後営業利益から株主資本を含めた資本コストを除いたもの）の増加を経営目標とする考え方も一般化した。1997年以降，企業は第一に株主に仕えるために存在するという「株主至上主義」の原則を表明してきた。

● フリー・キャッシュ・フロー
　企業が債権者と株主に対して自由に分配できるキャッシュ・フローのことであり，事業を維持・拡大していくためには，継続的に獲得していくことが必要とされる。
　金利受払などの財務活動によるキャッシュの増減は考慮しないため，営業利益を基にして，それに掛かる税額を控除したNOPAT（税引後営業利益：Net Operating Profit After Taxes）が計算の出発点となる。前述したキャッシュ・フロー計算書とは異なる簡便な算式である。

> フリー・キャッシュ・フロー＝税引後営業利益＋減価償却費ー
> 　　　　　　　　　　　　　設備投資±運転資本等の増減

● 経済的付加価値：EVA™ （Economic Value Added）
　米国スターン・スチュワート社が考案し，同社の商標登録にもなっている。ただ利益を上げるだけでなく，事業に投下した資本の収益率が，資本を預けている株主の期待収益率を上回る必要がある。

> 経済的付加価値　＝ 税引後営業利益 － 資本コスト額
> 　　　　　　　　または，＝ （投下資本利益率（ROIC）－ 資本コスト率）×投下資本額

● 投下資本利益率：ROIC （Return On Invested Capital）
　事業に投下した資本から，どれだけの利益を生み出したのかを示す。

$$投下資本利益率 = \frac{税引後営業利益}{投下資本\ (有利子負債\ +\ 株主資本)}$$

　第2次安倍内閣では，経済政策として2013年に『日本再考戦略』というアベノミクスを掲げた。大胆な金融政策・機動的な財政政策・民間投資を喚起する成長戦略を，3本の矢と見立てて政策運営の柱に掲げた。

　アベノミクス第3の矢「民間投資を喚起する成長戦略」の具体化を図る経済産業省のプロジェクトチームにおいて2014年に発表された「持続的成長への競争力とインセンティブ～企業と投資家の望ましい関係構築～」プロジェクトの最終報告書（2014（平成26）年8月），いわゆる『伊藤レポート』において「8％を上回るROEを達成することに各企業はコミットすべきである」と具体的な数値を挙げたことに驚かされた。賛否はあったが，経営目標として掲げる企業は増加した。

　近年では，役員報酬を決める「成果」の指標に株主総利回りを採用する企業が米国を中心に増加しているという。

● 株主総利回り：TSR（Total Shareholder Return）
　日本でもTSRの重要性は高まっており，2019年3月期からは有価証券報告書での開示（直近5年分）が義務づけられている。ただし，日経500対象企業でTSRを役員報酬の指標に採用しているのは30社程度である（2021年12月現在）。

$$株主総利回り（％）= \frac{キャピタルゲイン\ +\ 配当}{株価} \times 100$$

　どの指標が優れているのかは，一長一短で一概に判断できない。株価の急伸や成長過程の企業にはそぐわなかったり，長期的な施策より短期的な施策に偏るリスクがあったり，概念が難解で現場への浸透が難しい指標がある。あまり流行の指標を気にせず，古典的な指標を複数持つことが理解を得やすく定着を早めることになり過年度との比較可能な指標となるだろう。

　そこで参考になるのが，前述した伊藤レポートにも取り上げられている，「デュポン式財務管理（デュポン・フレームワーク）」である。

　米国の化学メーカーで世界トップクラスのデュポン社において，ドナルドソン・ブラウン（Donaldson Brown）によって1919年に考案されたもので，異なる事業部門の業績を比較するため投資収益率（ROI）の概念を初めて経営に取り込んだ。後に世界最大の自動車メーカーとなるGM（ゼネラルモーターズ）が倒産寸前に陥ったころ，大株主のデュポン社から会計担当重役として送り込まれ，デュポン・フレームワークを持ち込んで『GMの頭脳』と呼ばれた人物である。投資収益率（ROI）の算式を「利益率」と「回転率」に分解し，どちらか一方でも高くできれば「利益を稼げる」としたのである。この概念がデュポン・フレームワークである。

● 投資収益率：ROI（Return On Investment）

$$投資収益率（\%）= \frac{利益}{投資額} \times 100$$

$$= \underset{(利益率)}{\frac{利益}{売上}} \times \underset{(回転率)}{\frac{売上}{投資額}}$$

● 自己資本利益率：ROE（Return On Equity）のデュポン分解
ROEを高めるために，
① 利益率を上げる
② 総資産回転率を上げる（過度な設備投資や滞留在庫はないか）
③ 返済不要な資金で事業規模を拡大したか（安定株主比率が下がると買収リスクが高まるため，必ずしも無借金経営を是とするものではない。事業拡大のためには，有利子負債を活用した投資も必要）

$$自己資本利益率（\%）= ①売上高純利益率 \times ②総資産回転率 \times ③財務レバレッジ$$

$$= \frac{当期純利益}{売上高} \times \frac{売上高}{総資産} \times \frac{総資産}{自己資本}$$

【ROEの分解事例】

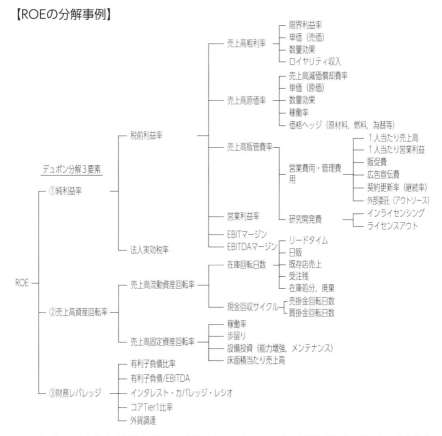

（出所）経済産業省「持続的成長への競争力とインセンティブ〜企業と投資家の望ましい関係構築〜」プロジェクト（伊藤レポート）平成26年8月を基にアビームコンサルティングにて作成

　伊藤レポートが紹介したROEのデュポン分解は上の図のとおりである。

　このような指標の分解が，管理会計（収益管理）を具体的な活動に落とし込むには重要な概念となる。

⑶　収益管理の課題

　企業の目標を実現するために戦略を練り，実現するために収益管理の仕組みに落とし込んで予算編成を行う。予算をさらに具現化するために，目的と手段

の連鎖を展開する必要がある。多くの企業では，予算を構築したが，その後の活動計画は各部署に任せ，収益管理と切り離してしまうケースが多い。全社計画をよそに，営業部門では売上前年比110％でいこう，製造部門は新規設備が必要だ，経理部門ではIFRS導入で人員を増加したいなど，せっかくの計画を"ガラガラポン"したのでは達成は困難だ。全社計画に反映されているのであればよいが，細かすぎて余裕（Buffer）がないと臨機応変な対応ができない。例えば，自動車のアクセルやブレーキに遊び（Lag）がなかったらどうだろう。アクセルを軽く踏んだ途端に急なスピードで走り出し，びっくりしてアクセルを元に戻すと急激なエンジンブレーキでエンスト。ブレーキも軽く踏んだだけで急停車では，怖くて運転できない。ある企業では，為替変動によって社内エレベーターの稼働が停止するという。過度なストレスは心・技・体すべてによくない。「乗用車（現実的な経営計画）はＦ１（研ぎ澄まされた究極的な経営計画）ではない」といった風に，経営にもほどよい遊びは必要である。

　話を戻そう。目的と手段の連鎖とは，デュポン・フレームワークが示したとおり，目的を分解することである。また，バランス・スコアカードが示したように指標に落とし込む方法もある。例えば売上高を増加させるのには，以下の図のような要素がある。

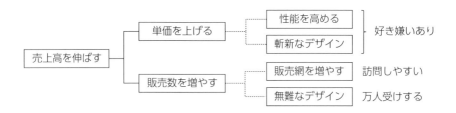

　これを，自動車や家電メーカーに置き換えた場合，Ｘ社は販売数戦略に舵を切っている，Ｙ社は単価戦略だ，Ｚ社は単価に転嫁できていない，といったことが見えてくるだろう。作成する企業側は，この目的と手段の連鎖をできる限り具体的な行動に落とし込むことが必要である。せっかくの計画が，途中で「ご破算に，願いましては」では収益管理（予算編成）は機能しないのである。

　利益を追求するには，売上高を伸ばす以外にコストを下げる方法もある。

　進むべき方向を模索している際には，KJ法を活用するのもよい。これは，文化人類学者の川喜田二郎（東京工業大学名誉教授）氏が1967年に研修方法として『発想法』を刊行した中に紹介されている。数名単位でグループ化して議論を競う中で，1枚のカードに1つの情報のみを記載し，メンバーそれぞれが複数枚を出し合うものである。テーマを決めてメンバーが，それぞれが複数枚のカードを提出すると，「問題点を指摘する者」「解決策を検討した者」「障害となる壁を記載する者」「別の着眼点から方法論を導き出す者」など，多種多様な情報が収集できる。この情報を並び替えると，問題解決のロジックが浮かび上がる可能性を秘めている。ぜひ試していただきたい。

　中期経営計画は策定したけれど，問題が多いと嘆く経営者も少なくないだろう。

　成立した予算（収益管理）を張り子の虎，絵に描いた餅としないためには，PDCAサイクルを機能させる必要がある。このサイクルは，1950年に再来日して日本の製造業に高い品質をもたらした米国統計学者のデミング博士（William Edwards Deming）の名にちなんで，デミング・サイクルとも呼ばれている。なお，当サイクルは試行錯誤を繰り返して改善を行うことが目的であるため，一発勝負の短期プロジェクトには当てはまらないことに留意いただきたい。サイクルを何度も繰り返し品質を高める方法論は，日本の製造業を世界一に押し上げた。

> P（Plan）：問題を解決するための対策を決める。
> D（Do）：決めたことを実行する。
> C（Check）：実行の成果を把握する。
> A（Act（Action））：計画に沿っていない部分を是正する。

【誤解】

　Planは「計画」と読まれるが，予算（目標達成）の実行計画ではない。それは，すでに予算編成の中に組み込まれている。ここでは，その実行計画がたしかなものであったのか否かの問題を探るために「いつ，誰が，何を，どのように」行うのかを明確にすることである。目標を設定して達成する計画が構築できるのならば，PDCAサイクルは不要である。進捗を管理するだけでよい。「何か問題が生じるのではないか」といった不安の中での試行計画である。ITベンダーや情報システム部門の方なら理解が早いと思うが，単体テストや統合テスト，ユーザー受入テスト（UAT：User Acceptance Testing）の計画である。どのような不具合を想定して，どのようなテストを行うのか。PDCAサイクルのP（Plan）とは，本来このようなテスト（是正）計画を指すものだ。

　したがって，継続的な改善活動（QC：Quality Control）は，C・A・P・Dサイクルになることが多い。

　デミング博士の日本での功績は大きい。品質管理の重要性を説き，小集団で行うQC活動から部門の垣根を越えた全社的に推進するTQC（Total Quality Control）へ，そして総合的品質管理として経営陣がトップダウンの形で推進するTQM（Total Quality Management）へと発展した。そして，1951年からTQM進歩の功績のあった団体および個人にデミング賞が授与されることとなり現在も続いている。

　日本の製造業の発展を尻目に不振を続けていた米国では，1980年にNBC（National Broadcasting Company）放送によるドキュメンタリー番組「If Japan Can…Why Can't We？（日本にできるのに，なぜアメリカができない

のか？）」が放送されたことがきっかけとなり，デミング博士は逆輸入されることとなった。これにより，米国でもTQMの体系化が進みモトローラ（Motorola, Inc.）のシックス・シグマ（ミスやエラーなどの発生確率を100万分の3.4レベルに抑える品質管理手法）もその一種とされる。米国でのTQMの発展は，1987年からのMB賞（Malcolm Baldrige National Quality Award）につながっており，日本でも知られる有名企業（モトローラ，リッツカールトン，3M，ゼロックスなど）も受賞している。

　昨今では，PDCAサイクルは，もう古いと言われる方もいる。たしかに，70年前の手法である。そこで取り上げられるのがOODAループだという。これは，アメリカ空軍のジョン・ボイド（John Boyd）大佐によって，朝鮮戦争（1950年〜1957年）の体験（米国とソ連が持つ戦闘機の機能と交戦実績との乖離）から得た勝敗論（A Discourse on Winning and Losing）の講義（1976年）からOODAループが登場したとされている。特に最近の理論ではないので，「古い」は歴史的な年代ではなさそうだ。一方で，理論の元となった体験は，高価な戦闘機F-15（Eagle）から安価な後継機を開発・採用するにあたり，F-16（Fighting Falcon）とF-17（Cobra）との一騎打ちの中で，データ上はF-17が優位であったがテスト飛行したパイロットからはF-16が高い支持を得た（採

【OODAループ】

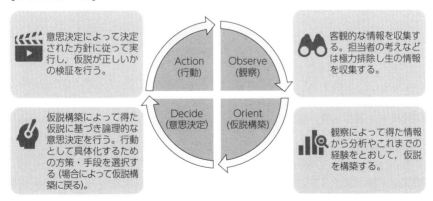

（出所）アビームコンサルティングにて作成

用：1975年）ことから両機の特性を分析してOODAループの発想につながったともいわれている。ちなみに，F-17はF/A-18（Hornet）に発展して採用されている。

　大佐が論じるOODAループは非常に難解だったという説もある。実際，OODAループの概念図は1992年（死去する5年前）頃に初めて公表されたとの情報もあり，講義から15年ほどの間，改良を加えていたのかもしれない。

　大佐は，1987年に戦略理論としてOODAループを公表し，米軍内で活用される理論からビジネス界での意思決定理論として広まった。何の縁か，MB賞創設と同じ時期とは奇怪なものである。

　PDCAサイクルのように一方向に何度も回転するのではなく，必要に応じて戻って軌道修正する違いがある。

　では，なぜOODAループがもてはやされるようになったのかを考察すると，大佐が空軍士官学校の教官時代に学生機と模擬空戦において40秒以内に不利な体勢から逆転する賭けに無敗だったことから40秒ボイドとの異名を持つことになり，OODAループはスピードが早く，逆説的に何度もサイクルを回すことを前提としたPDCAサイクルは時間がかかるという説になったものと思われる。信奉学者の屁理屈であろう。両者ともに発想の起因は異なるが，要は，方法論を「いかにして運用するか」だけの話である。

　予算編成，予算統制（進捗管理やPDCAサイクルまたはOODAループ）が収益管理と切り離されることなく運用できれば，収益管理の課題は解消している。ビジョンがあり，戦略を立て，予算を組んでTQMを実践する。経営計画は部門や個人の活動と紐付いているのである。

　ただし，問題はまだある。決めたことは覆さないことが前提である。後で問題が発生したら「許容する」か「最小限の回避にとどめる」といった考えが必要である。東京オリンピックではないが，当初予算は7千億円，小さな予算が評価され採用されたものの，蓋を開ければ2兆円規模に膨らみ，象徴的だった国立競技場のデザインは白紙撤回され，無観客開催によって1兆5千億円規模に落ち着いた。いったん決めたことを手戻りさせるから，こうなるのである。

手戻りが許容されているから，計画がザルなのである。予算統制は一部署でするのではない。一定期間放置してはいけない。予算に紐付く全部署で小まめにサイクルを回すこと。これが，QC活動の本質である。

⑷　グローバル連結収益管理の必要性

　皆さんは，「ゴーイングコンサーン（Going Concern）」という用語をご存知だろうか。「継続企業の前提」とも呼ばれ，バブル崩壊後の2003年3月期から経営者と会計監査人（監査法人・公認会計士）とが検討と確認を行うべく義務づけられた手続である。企業は，従業員はもとより取引先もあって成り立っている。だからこそ，永続的に健全経営を行うためにも経営管理を行っていく必要がある。

　2015年に国連加盟国193か国全会一致で採択したSDGsには，「Goal 8：包摂的かつ持続可能な経済成長及び全ての人々の完全かつ生産的な雇用と働きがいのある人間らしい雇用（ディーセント・ワーク）を促進する」（総務省の仮訳）と明記されている。働きがいとは人によって，その考え方・感じ方は千差万別であろうが，少なくとも企業が短命であっていいわけがない。

　そこで必要なのは，実現したい未来（ビジョン）を描くことだ。「自社が○○することで世界（市場や最終消費者など）を活性化したい」とすることで，具体的な計画に落とし込めるものと考える。

　「一寸先は闇」という言葉もあるが，それを考え出すと投資（固定資産の購入など）はできなくなってしまう。投資のない企業は成長が止まってしまう。永続的に生き抜くためにビジョンを描き，それを梃子にして経営計画（グローバル連結収益管理）を策定していただきたい。

　グローバル連結収益管理の概念は下記の3つに大別できるとした（以下，再掲）。

ⅰ．当社がすでに持つ全世界的な拠点で活動する予実管理
ⅱ．当社が全世界的に活動した（打って出た）場合のシミュレーション

ⅲ．国際的なルールに従った場合の進むべき姿

　1つ目は，各国に展開する実在の拠点を束ねた予実管理であり，2つ目は各国で活動をすることを想定した際の仮装組織のシミュレーションであり，最後の3つ目は国際的なルールに従った非財務情報の計数化（気候関連財務情報開示など）である。

　ビジョンが明確になると，自然に事業や部門ごとの目標も明確になってくる。目標が明確になれば，活動内容や各部門で行う技術や人材開発，コスト削減作業なども具体的な案として出てくるだろう。

　例えば，中期経営計画は連結ベースで作成しステークホルダーに開示している。自社が進む方向を会計というツールを使って計数化することで比較可能な状態に具現化している。また，単に開示するだけではなく，進捗状況も報告しており企業価値をアピールするとともに，コミットもしているわけだ。これらの評価は株価に影響するのだ。株価は経営方針に対する「肯定」であり，取引企業に対する「信用」を高めることになる。事業資金においても少ない株式の発行で調達でき，安定株主を保持しやすくなり敵対的な買収を難しくさせる効果も発揮する。

　つまり，ステークホルダーにコミットした計画は全社一丸で達成する必要があり，達成するためには事業間，部門間の相互協力は欠かすことはできない。時代の変化を読み解き，世の中のニーズを嗅ぎ分け，新たなマーケットを開拓し，提供する事業や製商品・サービスを開発し，対応する組織や人材を教育・展開する必要がある。また，国際的なルールに則って新たな開示・報告も必要になる。それらのために，全社で取り組むグローバル連結収益管理は必須のアイテムなのである。

　当然のこととして，計画どおりにすべてが順風満帆に進むはずがない。場合によっては，撤退も余儀なくされることもあるだろう。だからこそ，リスクや課題管理（PDCAサイクルの特性）や，迅速な状況判断・意思決定（OODAループの特性）を活用して，数度の軌道修正も行いつつ目標地点に到達するの

である。

　グローバル企業においては，システムも重要なアイテムである。各国固有のルールは抜きにして，グローバルレベルで協業するためには，各国や各事業部が共通認識の下で推進できなければならず，リアルタイムに送受信することで異なるタイムゾーンで働く労働力を有効に活用できる。すなわち，24時間をワールドワイドで効率的に運用できるのである。ITの進化はデータセンターを安全な拠点に設置でき，各拠点単位に必要だったリソースもエリア本部に集約することができ，シェアード・サービス・センター（グループ企業や各事業部に存在する業務（例えば，経理，人事，総務，法務部など）を集約的に請け負う専門組織）も最適化しやすい環境となっている。展開規模は大きくなっても，リソースは過去よりスリムにできるのかもしれない。これを経営指標で表すのなら，前述した総資産利益率（ROA）となる。企業の総資産を利用していかに効率よく利益を上げたかの指標であり，グローバル経営は利益の向上と総資産のスリム化を実現できる素地があるのかもしれない。そう考えるとグローバル経営は，収益獲得と経営効率の面でwin-winの関係を構築する一手になり得るともいえる。

　企業にとって何が最善の道かは計りしれないが，ビジョンに向かって突き進んでいただきたい。

　そのために，自身が目指すべき「ありたい姿」を自己成長のためにも描くべきである。初めて描くときには大上段に構える必要はなく手が届くか届かないか程度に少し背伸びして，自身の歩幅・歩数で進めばよいと思う。長期的には，夢物語に近いスケールの大きなものを描いてもよいだろう。『人間は考える葦である』がゆえ，社員総出の色々な発想が実現に向けて後押ししてくれるものだ。

　次の章からは，経営理念に結び付いたグローバル連結収益管理のあり方について理路整然に解説を行っていく。

第2章

グローバル連結収益管理の
あるべき姿

1　グローバル連結収益管理を取り巻く環境

　2020年1月23日中国武漢で最初の新型コロナウイルス感染拡大による「都市封鎖」が始まった。同年3月11日にはWHOが新型コロナウイルスのパンデミックを宣言すると，米国，英国等各国も続々とロックダウンを開始，日本においては同年4月7日に緊急事態宣言が発令され飲食店への休業要請，外出自粛要請に伴って多くの企業が在宅勤務に切り替え，「新しい生活様式」へと人々の生活が一変することとなった。

　本書を執筆している現在においてもオミクロン株が世界中で猛威を振るい，3回目のワクチン接種が急がれる状況にある。グローバル経済もコロナショックで大きく落ち込んだものの現在は新型コロナウイルス流行前の状態に戻ってきてはいるが，各国の大掛かりな経済対策の反動によってインフレ懸念が高まっている。未だ世界はアフターコロナを迎えることができず，ウィズコロナの中，生活していくことを余儀なくされている状態である。

　我々はこの新型コロナウイルス感染拡大による社会や経済の変化を認識し，一過性のものと受け流すのではなく今後も起き得る事象ととらえ，グローバル連結収益管理の実践においても考慮する必要がある。そのため，本章では，こうした現在の社会，経済を背景としたビジネス環境の下にグローバル連結収益管理がどうあるべきなのかを整理し，後段の実践に向けた話につなげていきたい。

⑴　これまでのグローバル連結収益管理

　コロナ禍前のグローバル連結収益管理は，企業のグローバル化に伴う発展と成長をベースとした管理と言えるだろう。グローバル化の背景の1つに日本の人口減少と少子高齢化の問題がある。2048年には人口が1億人を切るとも言われ，今後，人口減少が国内需要の減少要因にもなり経済規模の縮小が起こってくるだろう。すでに日本は，人口減少と少子高齢化の結果も一因となり，マー

ケットとしての今後の期待値は低く，投資先としての魅力も残念ながら低下の
一途をたどってきている状況である。その一方で海外，特にアジア地域におい
ては人口増加とともに消費購買力が向上している。10数年前にはベトナムと日
本では最低賃金格差が約50倍あったにもかかわらず，2021年現在は約20倍まで
縮小している。それでもまだアジア地域の一部は人件費，材料費ともに低コス
トであり「はじめに」の章で話したとおり，日本企業の海外進出は加速し，海
外子会社保有数は増え続け，管理を行いたい海外マーケット，グループ会社も
拡大している。

　そうした企業のグローバル化とともにIFRS（国際財務報告基準）を採用す
る企業も増えてきた。会計数値と連動する管理会計（収益管理）指標をグルー
プ会社全体で揃えられる，グローバルの競合他社との比較が容易になるといっ
たメリットの他，グループ会社で基準や業務を統一することで，連結業務の標
準化・効率化，親会社による統制を働きやすくすることもできるようになった。

　また，コロナ禍前は当然のことながらヒト・モノ・カネが自由に移動するグ
ローバリズムであり，現地に駐在員を派遣しグループ会社を管理することも直
接現地を視察し自分の目で見て判断する，指示を出すことも可能であった。文
化や言葉の壁，実質的な海外現地までの距離はあるものの，親会社を中心に統
制を利かせた中央集権的なグローバル連結収益管理を行うこともできていた。

　そうした中，2020年に新型コロナウイルス感染拡大が起こり，グローバル連
結収益管理を取り巻く環境に大きな2つの変化があった。1つは不確実性の高
まりとそこから受ける企業経営へのインパクトが大きくなった点，もう1つは
グローバル分断である。

　それぞれの変化についてこの後見ていきたい。

⑵　不確実性の高まりと企業経営へのインパクトの拡大

　ウィズコロナである現在はVUCA時代とも言われ，変化が激しく不確実な社
会情勢，将来予測が困難な状況にある。V：Volatility（変動性），U：
Uncertainty（不確実性），C：Complexity（複雑性），A：Ambiguity（曖昧

性）の頭文字をとったVUCAは1990年代後半に米国にて軍事用語として用いられた単語であり，2010年頃ユニリーバ等の経営者がアニュアルレポートで使用し，2016年の世界経済フォーラム（ダボス会議）でも用いられていた。2010年代からビジネスシーンでも使われていた背景から10年以上前から変化が激しく不確実性の高い世の中であるという認識であったといえる。グローバル化，テクノロジーの進化，気候変動（異常気象，温暖化等），大規模災害，国際情勢（米中対立，ブレグジット等）等を踏まえて企業の将来を正確に予測することは以前から難しい課題である。そして2020年の新型コロナウイルスによるパンデミック発生はますます世の中を不透明なものとし，不確実性をより高める結果となった。

　また，不確実性の高い出来事が発生したときに受ける経済的なインパクトも大きくなってきている。2001年1月の米国同時多発テロ発生による世界全体のGDP成長率の下落率が－2.3％であったのに対し，2008年9月のリーマンショックの下落率は－5.7％，2020年4月の新型コロナウイルス流行による下落率は－7.8％と増加している。

【世界全体GDP成長率の下落率】

年月	出来事	下落率
2001年1月	米国同時多発テロ	－2.3％
2008年9月	リーマンショック	－5.7％
2020年4月	COVID-19	－7.8％

（出所）IMF「世界経済見通し」を基にアビームコンサルティングにて作成
*下落率：前月期からの下落幅

　今後起こり得る出来事を予測することも困難であれば，受けるインパクトも大きく企業経営はより難しい状況になっている。

(3)　グローバルの分断

　コロナ禍によって海外への渡航は制限されグローバルとの分断が起きている。

先に述べたとおり，従来はヒト・モノ・カネが自由に移動するグローバリズムであったのに対し，2022年現在においては，ヒト・モノはその動きが停滞，鈍化している状態である。それに伴ってカネの動きも停滞しているものの，各国の積極的な金融・財政政策により動揺は短期間で抑えられ，インフレ懸念はあるものの信用収縮は防ぐことができた。

　モノの動きの停滞は，製造における原材料，部品の仕入れ，販売における製商品の仕入れ等企業収益に直接的に影響する問題である。こちらはすでに2011年10月に起きたタイ大洪水でのサプライチェーンの寸断によりトヨタ自動車をはじめとする製造業は大打撃を受け，その経験に基づき代替仕入先に関する情報可視化，複数発注，生産分散などグローバル連結収益管理の1つとしてBCP（事業継続計画）を用意している企業は多くある。しかし，2020年の新型コロナウイルス感染拡大ではグローバルでパンデミックが広がってしまったため，全世界でのモノ不足が起こり企業はなすすべがなかったのが実態である。それでも，BCPが用意されていた企業はそれをフル活用しビジネス影響を最小限に抑える動きがとれている。

　一方，ヒトの移動が制限されることをグローバル連結収益管理において想定していた企業は皆無に等しく，ビジネスに大きな影響を与える結果となっている。これまでは，海外グループ会社に出向いて会話をする，あるいは日本からの駐在員を介し現地グループ会社に説明するといった対面でコミュニケーションできていたものが，渡航制限あるいはロックダウンにより海外出張ばかりか自社への出社までも制限されてしまった。当然のことながらタイムリーに海外グループ会社の状況を把握すること，正確な情報を吸い上げることは困難になった。これがまさにグローバルの分断である。

　そういった状況の中，日本でも働き方改革がなされテレワーク中心のオンラインコミュニケーションに変化していくが，それでも経営の意思決定を現場に正しく連携する，あるいは経営の意思を正しく理解し現場でアクションすることは難しい状況である。日本企業の多くが，現在行っているテレワークに慣れていなかったからである。

　もともと日本の文化は「空気を読む」ことが重視され，話す言葉の行間や口に出さない裏の意図，表情を読み取ることが必要とされていた。コロナ禍にかかわらず，個人の主張や明確な意思表示のあるグローバルメンバーとのコミュニケーションを難しいと感じたことのある読者は多いのではないか。まして，対面で行われないコミュニケーションで意思疎通を行うことはより一層難しく，正しく意図が伝わらない，あるいは正しく理解できたかわからない，そういった状態に陥ってしまうことは少なくないはずである。また，海外現地においても都市封鎖や出勤制限が起こることで現地の状況を正しく伝えられない，それが各国の状況によって変化するとなるとグローバル全体の状況をつかむことは非常に難しいこととなる。当然そういった状態であれば経営と現場の意思疎通も情報連携もうまくいかずお互いの状態も理解できず，誤った意思決定や判断の遅れにつながりグローバル競争に勝っていくことは困難となってしまう。2020年3月時点でグローバルの約89％の企業がテレワークを実践（コーン・フェリー「Impact of COVID-19 on Rewards & Benefits」調査）しているのに対し，同時期の日本企業では約26％の実施（東京商工会議所「新型コロナウイルス感染症への対応に関するアンケート」）と日本は欧米に比べ圧倒的に出遅れ，オンラインコミュニケーションに慣れていない状況で欧米よりもスピード感をもって意思決定していくことは残念ながら難しいと言わざるを得ない。

　グローバルの分断は海外拠点同士においても起きていることではあるが，とりわけ日本とグローバルとの分断が大きくなってしまった状況である。

2　現状を踏まえたあるべきグローバル連結収益管理

　不確実性の高まりと企業経営へのインパクトの拡大，グローバルの分断という課題に対し，あるべきグローバル連結収益管理がどういったものか見ていきたい。

　そのポイントの1つは，中長期の収益計画作成の見直し，もう1つは，経営

の意思を現場につなげる仕組みづくりにある。

⑴　不確実性を考慮した中長期の収益計画作成

　不確実性の高さを意識する必要がなかったこれまでであれば，企業の多くは中長期の収益計画を詳細な単年度計画をベースに積み上げる積上げ型（フォアキャスティング思考）で作成していたのではないだろうか。親会社は各海外グループ会社に連結収集パッケージを展開し，向こう5年の計画を入力するよう要請する。その指示に従いグループ会社では鉛筆を舐めながら今年の状況をベースに将来を想像し予測値を入力する。しかし，入力してもトップダウンで落ちてくる数値目標には届かず，入力のやり直しを求められ，根拠なく数値を積み増し再提出する。月次の決算業務や日々の業務が忙しいにもかかわらずだ。親会社でも情報を集めたものの歯抜けの数字や数字の根拠や正確性に疑問が残る。しかし何度もやり直しをグループ会社にもお願いしづらく，結局最後は親会社にて数字を作り直す。そうしてやっとできあがった5年後の計画は，株主総会で経営者から発表され，大企業であれば新聞紙面やメディアでも華々しく取り上げられ，世の中に公開されることとなる。

　しかし，そうして作った計画もちょっとした見落しやそもそも計画の甘さなど内部的要因で計画と大きくずれることもあれば，思いもしなかった災害の発生，国際情勢や極端な政策といった外的要因で当初の計画とは大きくかけ離れてしまうこともある。結果，マーケットからの期待ともかけ離れ，企業評価に大きな影響を及ぼしてしまうこともある。まして，不確実性が高く，そこから受けるインパクトが大きくなっている現状において，精度の高い将来予測は困難であり，詳細な将来予測を作成しても先の長い計画であればあるほど計画どおりに進めることは困難な状態になってきている。多くの企業において，各グループ会社で多大な時間と労力をかけて計画を作る，こういった姿が当然であり決して間違っているわけではないが，現実的には意味がないこともあり得るのである。

　では，グローバル連結収益管理における計画はどうあるべきなのか。それは，

　これまでのような積上げ型（フォアキャスティング思考）での中長期計画でなく，未来における自社のありたい姿を起点に，そこからの逆算（バックキャスト）で中長期計画を作成するアプローチ（バックキャスティング思考）が重要となる。詳細は後述するが，5年後10年後さらには30年後，会社はどうありたいか，どうあるべきかを経営者の意思として発信することである。つまり，これまで以上に経営の意思というものが大事になってくる。具体的には，中長期の具体的な経営ビジョン，あるいはコミットメント色を排除した企業目標（純利益，配当性向をどうしたい，なぜそうしたのか）を作成し開示する。これであれば，グループ会社や親会社の多くの関係者の時間を使わず不確実性の高い現在において企業の方向性をマーケットに示すことも可能となる。実際，海外において積上げ型の中長期経営（収益）計画を公表している企業は少なく，日本国内においても積上げ型の中長期経営（収益）計画の作成を止めた企業も存在する。

　これまでの収益計画の作成を見直すべき時が来たといえる。

⑵　グローバル分断を考慮した整合性のとれた経営理念・戦略・目標・KPIの構築

　今後もパンデミックが起こる可能性を否定できないだけでなく，心理面から移動をリスクととらえる人も現れる。企業としても無理に移動させることもできないため，結果今後もヒトの移動が制限されてしまうことが起きるだろう。また，現状のオンラインコミュニケーションにも慣れ始めていることで，今後もテレワーク中心の働き方が続くことが想定される。その前提に立ちグローバル連結収益管理を行うためには，まず，経営者自身が意思を持ちその意思を明確化すること，そして，国内はもちろん海外のグループ会社へその意思を伝えること，グループ会社・メンバーが経営の意思を汲み取り行動できる仕組みを作ることが必要不可欠となる。

　それを体系的に表したものが次頁の図のグローバル連結収益管理の全体像となる。

【グローバル連結収益管理 全体像】

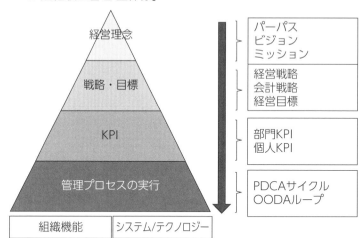

(出所) アビームコンサルティングにて作成

　グローバル連結収益管理は，4つのステップとそれらを支える2つの経営基盤から成り立つ。全体像自体は世に出ている経営戦略の書籍やインターネット上の情報と大きくは変わらないが，その中でもポイントは2つある。こちらの詳細も後述するが，1つは「経営理念」にある「パーパス」ともう1つは，「戦略・目標」にある「会計戦略」である。

　まず，「パーパス」であるが海外では2000年代に入った頃，日本では2019年頃から注目され始めている。2019年8月に米国の経営者団体ビジネスラウンドテーブルにおいて「株主資本主義」を批判し「ステークホルダー資本主義」へ移行する流れを宣言，企業のパーパスに関する声明を表明，2020年1月に開催された世界経済フォーラムの年次総会（ダボス会議）においてもパーパスが大々的に取り上げられ注目を集めることとなった。

　パーパスは，経営理念の1つであり，これまでの企業のビジョン＝我々はどこを目指すのか（Where），ミッション＝我々は何を行うべきか（What）に対し，なぜ我々は存在するのか（Why）を指し，企業がどうしてそこを目指すのか，どうしてそれを行うのか存在意義を示すものである。

パーパス	=	なぜ我々は存在するのか（Why）
ビジョン	=	我々はどこを目指すのか（Where）
ミッション	=	我々は何を行うべきか（What）

　グローバルの分断により，これまでのようなコミュニケーションがとれず，お互いの状況が見えず意思疎通が難しい場合，今まで以上に現場で意思決定していくことが必要となる。経営理念としてミッション（何を行う），ビジョン（どこを目指す）だけでなく，パーパス（どうしてそこを目指すのか？　どうしてそれを行うのか？）を加えることで，動機づけ（だから自分たちがやる必要がある）と道標（だからそこを目指していく必要がある）を示し，経営者と現場メンバー，親会社と海外グループ会社が整合した意思決定ができるようになる。

【パーパス・ビジョン・ミッションの関係性】

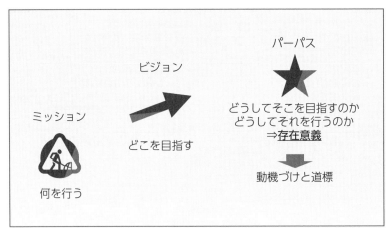

（出所）アビームコンサルティングにて作成

　企業によってはすでにパーパスと同じく存在意義を経営理念に内包している

場合もあるが，会社や経営者が目指していることやグループ社員にやってほし
いことを正しく理解し，現場・海外グループ会社でもアクションできるように
伝えることだけでなく，動機づけとなる理念を定義し直すことも考えていただ
きたい[1]。

　グローバル連結収益管理のあるべき姿の全体像のもう1つのポイント「会計
戦略」は，経営戦略と整合するKPI（管理指標）を定義するための戦略である。
また，経営目標を定義するための戦略ともなり得る。

　貴社では，経営戦略と経営目標あるいは経営目標を管理する指標（KPI）の
整合はとれているだろうか。おそらく，「なんとなく取れていそう」という回
答が大半で，「整合している！」と自信を持って答えられる企業は少ないので
はないだろうか。

　わかりやすい例だと，創業間もないITベンチャー企業が，経営戦略として
「積極的なR&D投資による企業価値の拡大」といって経営目標を「純利益XX
億円，配当性向XX％」，KPIを「利益や利益率（事業別，組織別など），EPS
（1株当たり利益）」と置いたとする。果たしてこれは整合しているだろうか。

経営戦略：積極的なR&D投資による企業価値の拡大
経営目標：純利益XX億円，配当性向XX％
KPI：利益（事業別，組織別等），利益率（事業別，組織別等），EPS等

　この言葉だけを見れば答えはNOである。「積極的なR&D投資による企業価
値の拡大」ならばフリー・キャッシュを増やし積極的に投資ができる資金を生
み出す，利益は配当よりR&D投資にまわし新技術開発などにより売上を伸ば

1　参考文献：ダイヤモンド社「ハーバード・ビジネス・レビュー」2019年3月号特集「パーパス」
（ダイヤモンド社，2019年3月），ダイヤモンド社「ハーバード・ビジネス・レビュー」2020年
10月号特集「パーパス・ブランディング」（ダイヤモンド社，2020年10月），齊藤三希子「パーパ
ス・ブランディング」（宣伝会議，2021年7月）。

し企業価値拡大を図るべきである。つまり，経営目標は「売上XX億円，フリー・キャッシュXX億円」のほうが経営戦略には整合してくる。そうすると当然KPI（管理指標）も利益や利益率ではなく売上やCCC（キャッシュ・コンバージョン・サイクル）やR&D対売上，フリー・キャッシュ・フロー対売上等のほうが大事になり，KPIの結果に基づく組織や個人のアクションも全く変わってくることとなる。

　わかりやすい例にはしているが，実際，経営戦略と経営目標，そこにつながるKPIが整合していない企業はこれまで筆者が見てきた企業でも多くある。

　ここが整合しない難しさは，経営戦略が定性的な言葉，経営目標が定量的な数値，そしてKPIが経営目標を評価する尺度であり，言葉を数値に，数値を尺度に変換しなければいけない点にある。この整合を補完するものが，会計戦略に位置づけられる。

　「会計」は企業などが行う経済活動（金銭やモノの授受，付加価値の追加等）を記録し，測定し，報告することをいう。企業は企業活動そのものを帳簿に記録し，財務3表（PL/BS/CF）や有価証券報告書，その他資料を作成，管理，報告を行っている。その要素には言葉を数値にすることも，数値を尺度にすることもある。また，会計は企業内あるいは会計基準が同じであれば企業外も共通の言語となる。共通の言語を用いた言葉であれば共通認識，理解を促すことは実行しやすいだろう。そのため，それぞれの関連性をわかりやすくするために経営戦略を会計戦略に言い換えて，会計戦略に基づいて経営目標，KPIを組み立てる。そうすることで，経営戦略からKPIまで整合性を保ち一貫性を持った企業経営につながるのである。

　先ほどの例であれば，「<u>フリー・キャッシュを増やし</u>積極的に投資ができる資金を生み出す，利益は配当よりR&D投資にまわし新技術開発などにより<u>売上を伸ばし</u>企業価値拡大を図る」が会計戦略となる。

経営戦略：積極的なR&D投資による企業価値の拡大
会計戦略：<u>フリー・キャッシュを増やし</u>積極的に投資ができる資金を生み出す，

> 利益は配当よりR&D投資にまわし新技術開発などにより**売上を伸ばし**
> 企業価値拡大を図る
> 経営目標：売上XX億円，フリー・キャッシュXX億円
> KPI：売上（事業別，組織別，得意先別），CCC，R&D対売上，
> フリー・キャッシュ・フロー対売上等

　うちの会社は当然やっているよ，という企業もあるだろう。もちろん，会計戦略という言葉でなくともすでに意識され経営目標やKPIを設定している企業もあるだろう。しかし，共通言語である会計用語を用いながら戦略が示されているだろうか。経営層・親会社，現場層・海外グループ会社で認識はとれているだろうか。今一度，貴社の中期経営計画等で整合がとれているか，グローバル共通の認識がとれていそうか，確認いただきたい。

　ここまでで，新型コロナウイルス感染拡大後のグローバル連結収益管理を取り巻く環境からあるべきグローバル連結収益管理を説明してきた。不確実性を考慮したバックキャスティング思考の中長期収益計画作成とグローバル分断を考慮した整合性のとれた経営理念・戦略・目標・KPIの構築（特に「パーパス」と「会計戦略」の取組み）である。

　お気づきかもしれないが，2020年の新型コロナウイルス感染拡大を起点に記載をしているが，グローバル連結収益管理のあるべき姿として語っているバックキャスティング思考の中長期収益計画作成や整合性のとれた経営理念・戦略・目標・KPIの構築はパンデミック以前から言われてきたキーワードである。グローバル連結収益管理として新たな取組みを行うものではなく，これまで十分に取り組めてこなかった経営テーマについて取り組むべきタイミングが来ただけの話である。そして，この取組みはアフターコロナであっても普遍的な話である。

　ただ，1つ今後の教訓としては，変わらざるを得ない状況になる前に変わることの重要性である。例えば，テレワークである。働き方改革の重要性を議論しすでにテレワークに取り組んでいた企業は，組織の労働生産性を高め，個人

が働くことへのエンゲージメントを高める変革に取り組んでいる。ITインフラはもちろん，オフィスデザイン，社員評価，会社と個人の信頼関係を醸成する仕組みまで考えられ，急遽外的要因でテレワークを行った会社とでは競争優位性に大きな差が出ている。

　グローバル連結収益管理のあるべき姿，バックキャスティング思考の中長期収益計画作成や整合性のとれた経営理念・戦略・目標・KPIの構築，後段で出てくる各種取組みについても競争優位性の担保はもちろん，グローバル企業と互角にわたり合うためにも変わらざるを得ない状況になる前に変わるためにもぜひ貴社でも議論いただきたい。

第3章

グローバル連結収益管理の
ベストプラクティス

　貴社においてグローバル連結収益管理の導入や見直しを計画している場合，どのような論点について何を検討し，その結果，具体的な施策として何を実施すべきだろうか。当然ではあるが，ただやみくもに導入を進めるだけでは，グローバル連結収益管理で効果を上げることは難しい。また，具体的な施策や想定される効果を提示することができなければ，「グローバル連結収益管理を導入したい」という漠然とした思いを持っていたとしても，貴社内でコンセンサスを得て，協力者を確保することは難しいであろう。

　そこで，本章では，グローバル連結収益管理のベストプラクティスとして，導入時に特に検討をしなければならない論点を導出し，第4章以降で予定している，グローバル連結収益管理の事例の考察につなげていきたい。なお，ここで整理する論点はあくまでも主要論点という位置づけのものである。そのため，グローバル連結収益管理を実際に導入する段階においては，この他にも様々な細かい論点や課題が発生するという点はあらかじめご理解いただきたい。

1　主要論点の導き方

　まず，グローバル連結収益管理導入時の論点を抽出するために，グローバル連結収益管理の全体像を整理したい。グローバル連結収益管理の実行ステップは，大きく分けて「①経営理念の定義」「②戦略・目標の設定」「③KPI（部門・個人別）の設定」「④管理プロセスの定義／実行」の4ステップと整理することができる。まず，「①経営理念の定義」では，パーパス／ビジョン／ミッションといった企業理念（企業の存在意義やあり方），および企業理念を実現するための基本方針や行動指針の定義までを対象とする。次に「②戦略・目標の設定」では，達成すべき経営目標の策定，そして経営目標を達成するための経営戦略（全社戦略／事業戦略／機能戦略）の定義を対象としている。「③KPI（部門・個人別）の設定」では，経営目標を部門別および個人別のKPIへブレイクダウンするステップを対象とし，最後に「④管理プロセスの定義／

実行」では，前段で定義された経営目標や部門別および個人別のKPIを達成するための管理サイクル全般を対象としている。また，これらの4つのステップを支えるための経営基盤として，「⑤組織機能」「⑥システム／テクノロジー」の2つの要素が必要だと筆者は考えている。

　なお，「①経営理念の定義」については，すでに数多くの専門書が存在しているため，グローバル連結収益管理の実行ステップのうち，本書では，「②戦略・目標の設定」「③KPI（部門・個人別）の設定」「④管理プロセスの定義／実行」の3つのステップにフォーカスすることとしたい。この後，グローバル連結収益管理の実行のために必要なステップとそれらを支える2つの経営基盤を切り口として検討論点を導出し，それぞれについての見解を述べていきたい。

【グローバル連結収益管理　全体像（4つのステップとそれらを支える2つの経営基盤)】

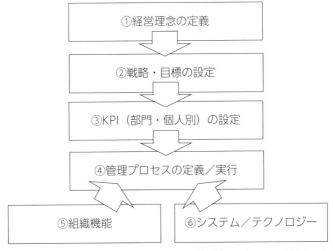

（出所）アビームコンサルティングにて作成

2　戦略・目標の設定

(1)　経営戦略からの重要業績評価指標（KPI）の導き方～会計戦略の意義～

①　経営戦略とは何か

　まずは，グローバル連結収益管理の実行ステップのうち，「②戦略・目標の設定」に関する論点から整理を進めていきたい。なお，「②戦略・目標」を語る前段として，「経営戦略」の説明から始める。おそらく，すでに貴社においてもマーケットで勝ち続けるための戦略またはシナリオとして「経営戦略」を立案していることと思う。そのため，ここで記載する内容の一部は，すでに理解されている内容と重なるかもしれないが，論理性をもって話を進めるために，あえて基本的な事項から整理をさせていただく。

　さて，各企業の経営戦略は，全社レベルの戦略である「全社戦略」と企業が遂行している各事業別の「事業戦略」，および事業を遂行するために必要な機能レベルの戦略である「機能戦略」により構成されている。

　このうち，全社戦略においては，「①経営理念の定義」にて定義が行われる企業理念が根幹に存在する。

　前段でも触れているが，おさらいの意味も兼ねて，企業理念を構成する3つの要素について再度記載しておきたい。

パーパス	：	「企業は何のために存在するのか」という文脈から企業の存在意義や企業活動の目的を示したもの
ビジョン	：	企業の目指す未来の姿であり具現化したい「ありたい姿」
ミッション	：	パーパスとミッションを実現するために実行しなければならないこと

　昨今では，新型コロナウイルス感染症の広がり，気候変動による自然災害の増加など，社会的な問題が顕在化しており，人々の関心を集めている。そういった時代背景を受けて，各企業も環境や社会課題に向き合うべきだ，という価値観が共有されてきた。そのため，持続可能な社会への貢献を企業活動の目的として組み込み，それを世の中に表明する，という意味においても，パーパスを定義する重要性は増してきていると考えられている。

　全社戦略では，こうした企業理念に基づき，資金調達や資本政策といった財務戦略の定義や企業ドメインについての定義を行う。企業ドメインとは，その企業が活動を行う事業領域を指す。また，複数事業を遂行している企業では，事業同士の組み合わせ（事業ポートフォリオ）についてもこの企業ドメインで定義している。企業ドメインを定義する上では，第1章で述べたPPM（Product Portfolio Management）等の手法により導かれる現在の各事業の位置づけに加え，同じく第1章で述べたSWOT分析により導かれる現在の自社の競争優位性や強み，そして将来を含むマーケットのニーズおよび競合他社の動向等が考慮される。

　例えば，PPMでの分析において，導入期から成長期にある「問題児」に位置づけられた事業の場合には，SWOT分析の結果，内部環境としての「強み」，そして外部環境として「機会」を見出すことができている場合には，当然，拡大していくべき事業領域として定義し，今後，経営資源の投入を進めるべきである。このように各事業領域について分析を行い，企業ドメインを定義することによって，どの事業領域で企業が勝負をするのか，ということが方針として示され，有限である経営資源の配分の前提が決定するのである。

　次頁に，第1章で述べたPPMとSWOT分析を再掲載する。

　全社戦略に関する記述は以上だが，1点，補足をしておきたい。昨今，関係会社や子会社を含むグループ経営が求められているため，全社戦略においても，企業単体に限定したものではなくグループ経営全般に当てはめられるものとして定義することが重要となってきている。それを具体化したものが，一般的に「グループ経営戦略」とも呼ばれ，グループ全体での「パーパス／ビジョン／

【Product Portfolio Management】　【SWOT分析】

	プラス要因	マイナス要因
内部環境	強み (Strength)	弱み (Weakness)
外部環境	機会 (Opportunity)	脅威 (Threat)

PPM図（市場成長率×相対的市場占有率）

市場成長率 高	問題児 (Problem Child)	花形 (Star)
低	負け犬 (Dog)	金のなる木 (Cash Cow)

相対的市場占有率　低←→高

（出所）BCGのPPM　　（出所）アビームコンサルティングにて作成

ミッション」やグループ全体としてビジネスを遂行する事業領域として示される。

　次に，事業戦略について整理したい。事業戦略では，企業ドメインで定義された事業領域ごとに，ミッション／ビジョンを定め，その事業の方向性や将来の目指すべき姿が示される。また，経営資源を活用しながら，その事業が置かれているマーケットでの競争に勝ち抜き，事業の目的を達成するための戦略およびシナリオについても定義される。

　ゆえに，全社戦略とは異なり，事業戦略は「競争戦略」とも呼ばれる。競合他社と差別化を図り，顧客を獲得し，事業を推進するために何が必要なのか，どういった事業組織を作り，どういったマネジメントでその組織を強化していくのか，という点が重要となる。単独事業を推進している中小企業においては，全社戦略が事業戦略を兼ねるケースもあるが，企業規模が大きくなり，事業が多角化している大企業においては，各事業のレイヤーにおいて競合他社が存在しており，その中で競争優位性をいかに確保するのか，といった方針を決定する必要があるため，事業レベルでの戦略が重要な意味を持つ。

　最後に機能戦略だが，機能戦略とは，全社戦略で定義された財務戦略の遂行や事業戦略で定義された各事業のミッション／ビジョンを実現するために必要な，機能ごとの戦略と定義される。ここでいう機能とは，例えば，調達，生産，マーケティング，製品／商品開発，プロモーション／販売，営業等を指す。こ

れらの機能ごとにどのような施策を実行するのかを個々に検討するのである。例えば，マーケティング戦略を例に挙げると，企業が取り組んでいる特定の事業においてターゲットとすべき顧客タイプを見定め，それらの顧客に対し，どのような価値・サービスを提供するのか，そしてそれをどのように提供するのかを整理する。こういった機能単位の戦略を定めることで，全社戦略や事業戦略の実現をたしかなものとするのである。

(参考) 経営理念と経営戦略の構成要素

A)　経営理念（パーパス・ビジョン・ミッション）の定義

　　　✧　社会における役割，存在意義，将来像等のビジョンを共有

B)　経営戦略の定義

　⑴　全社戦略の定義

　　　✧　資金調達や資本政策といった財務戦略の定義（財務戦略）

　　　✧　企業が活動を行う事業領域と事業ポートフォリオの定義（企業ドメイン）

　⑵　事業戦略の定義

　　　✧　事業領域ごとのミッション／ビジョンの定義

　　　✧　各事業の方向性や将来の目指すべき姿，マーケットでの競争優位性

　　　✧　事業組織のありたい姿と強化方針

　⑶　機能戦略の定義

　　　✧　全社戦略や事業戦略を推進するために必要な組織機能ごとの施策

②　会計戦略の重要性

　さて，ここまでの文脈で，経営戦略について整理をしてきた。企業は，これらの経営戦略（全社戦略，事業戦略，機能戦略）に従って企業活動を推進するのであるが，企業活動のそもそもの大きな目的の１つとして，利益を上げ続けることにより，企業が持続的な成長を遂げることが挙げられる。そのため，各企業は，すべての企業活動の結果として，達成すべき経営目標を定める必要がある。そしてこの経営目標は，当然ながら定量的な数値目標として定義する必要がある。日本の多くの企業では，IR資料として中期経営計画を作成してい

るため，中期目標（○○年後に売上○○億，○○年後に営業利益率○○％等の情報）を目にする機会が多いと思う。これらの経営目標は，経営戦略の実行によって実現されるものであるため，経営戦略と経営目標が結び付いており，経営戦略の達成が経営目標の達成に結び付くものになっている必要がある。

　また，各企業では，自分たちが成長し，華々しく掲げられた経営目標を達成するために，企業活動において成し遂げるべき事項を細かく定義し，その達成状況を管理する必要がある。これらは重要業績評価指標（KPI）と言われている。経営目標として掲げられた数値目標は，その企業の将来の姿を数値に置き換えたものであり，最終的に到達したい場所を示している。そのため，経営目標を達成するために，自分たちがどのような成長を遂げるべきなのかを考え，そのシナリオに沿った重要業績評価指標（KPI）を設定することが大切になってくるのである。

　以上のことを整理すると，企業が経営目標を達成するためのロジックまたはシナリオが経営戦略であり，またそのシナリオが正しく実行されていることを管理するための指標が重要業績評価指標（KPI）と定義される。そのため，重要業績評価指標（KPI）については，当然，経営戦略と整合したものになっている必要がある。つまり，各事業がマーケットで勝ち続けるためのロジックやシナリオを読み解き，それを実現するために達成しないといけない数値目標が何なのか，それを考察するプロセスが必要になるのである。

　経営戦略と重要業績評価指標（KPI）を別個のものとして考えてしまうと，重要業績評価指標（KPI）を達成するために経営戦略を実行する，という前提が崩れ，経営戦略で描いたシナリオが実行されず，結果的に経営目標が達成できない，という状態に陥ってしまう可能性もある。そこで，本書のテーマである，グローバル連結収益管理においては，どのように経営戦略から重要業績評価指標（KPI）を導き出すのか，という点を1つ目の大きな論点として挙げている。

　なお，第2章でも述べているが，本書では，言葉により定性的な情報として定義された経営戦略と経営目標を評価する尺度である管理指標（KPI）の整合

を補完するものとして，「会計戦略」を定義することを提唱したい。この会計戦略とは，定性的な情報である経営戦略を管理可能な定量的な数値情報である重要業績評価指標（KPI）に結び付けるための考え方やロジックだと理解してほしい。ここでは，その役割について，具体的な例を挙げて説明したい。

③ AppleとAmazonの経営戦略および会計戦略の違い

　iMacやiPhoneを市場に展開しているAppleと，巨大なECプラットフォームとロジスティクスでEC市場を圧巻するAmazonでは，経営戦略が異なる。Appleでは，製品の独自性やデザイン性を高め，かつブランディング戦略を重点的に実施することで，高いブランドエクイティを実現している。つまり，高付加価値を重視した経営戦略が採用されているのである。Appleの強みは，多くの人が社名から製品名や製品のイメージを連想することができること。また，製品に触れたことがある人にとっては，該当の製品名から，製品独自の操作感や使いやすさ，デザイン性などのイメージをすぐに思い出すことができる点にあると考えられる。Appleの製品は唯一無二である，という評価を市場に根付かせ，それを付加価値として提供しているといえる。

　一方でAmazonは，デジタルトランスフォーメーション（以下「DX」という）の先駆者と言われているように，先進技術や新規事業への投資を続けることにより，新しいビジネスモデルを創出し続けている。それにより，デジタル技術という共通の理念であり強みをベースとした多角的な事業の実現を可能としており，多くの顧客を取り込むことで，その顧客の情報をさらに取り込み，サービスの向上につなげる，といった好循環を生み出している。つまり，Amazonの戦略は，先進技術への投資と新しいマーケットの開拓を常に続けること，EC事業において常にAIをはじめとした先端技術やロジスティクス技術における先駆者でいることなのだといえる。

　それでは，これらの各社の経営戦略が，どのように重要業績評価指標（KPI）に結び付いているのだろうか。そのロジック（＝会計戦略）を一緒に考えていきたい。

　まずAppleの場合，高付加価値戦略を採用しているため，製品当たりの単価を可能な限り高い水準に設定している。つまり価格プレミアムをいかに高く設定することができるか，という点が重要なポイントになっている。このことを理解していると，Appleが真っ先に確保すべき重要業績評価指標（KPI）は粗利率（売上総利益率）であることがわかる。実際，2021年9月期のAnnual Reportを見ると，Appleは約42％の粗利率，営業利益率でも約30％を確保していることがわかる。また，加えてAppleでは，このように高採算を実現していることから，税制面の対策も重視している。法人税の実効税率である。こちらも2021年9月期のAnnual Reportを見ると，法人税の実効税率は13.3％程度となっており，低い水準に抑えられていることが読み取れる[1]。

　つまり，Appleの経営戦略を遂行することは，すなわち，高い粗利率（売上総利益率）の確保と低い実効税率の実現を目指すことが必要である，という整理ができる。こういった整理を行うことにより，経営戦略から重要業績評価指標（KPI）を導き出すことができるのである。

　それでは，Amazonの場合はどうであろうか。Amazonでは，事業で上げた利益を徹底して研究開発に投じている。2020年12月期のAnnual Reportによると，約427億ドルが研究開発（営業費用のうち「technology and content」が研究開発費に相当）に投下されていることがわかる[2]。

　ここからも，Amazonの経営戦略は，新規事業や先進技術への継続的な投資を重要視していることが読み取れる。この経営戦略を実行するためには，当然ながら投資資金の確保が必要となる。そのため，Amazonではフリー・キャッシュ・フローを何よりも重要視している。それでは，Amazonがフリー・キャッシュ・フローの長期的かつ持続可能な成長を可能とするため，どのような重要業績評価指標（KPI）を管理しているのだろうか。答えは，「キャッシュ・コンバージョン・サイクル（CCC）」と呼ばれる指標である。これは

1　参考文献：Apple Inc.「Annual Report（For the fiscal year ended September 25, 2021)」（2021年10月29日発表）。
2　参考文献：Amazon「Annual Report（For the fiscal year ended December 31, 2020)」（2021年3月5日発表）。

「会社が商品や部品の仕入等により現金を払い出してから，商品や製品の販売により最終的に現金が入ってくるまでの日数」を示した指標である。この「キャッシュ・コンバージョン・サイクル（CCC）」は小さければ小さいほど，出金から入金までのタイムラグが短くなるため，資金効率は良いといえる。また，「キャッシュ・コンバージョン・サイクル（CCC）」がマイナスの場合には，出金よりも入金のほうが早く発生するため，売上の拡大に伴い，フリー・キャッシュ・フローも増加していくモデルが作られる。なお，日本企業においては，ほとんどの業種でこの「キャッシュ・コンバージョン・サイクル（CCC）」はプラスとなっている。数字の大きい企業では，100日を超すケースもあり，そういった企業は営業利益に比較してフリー・キャッシュ・フローが小さくなる傾向にある。

　Amazonでは，「キャッシュ・コンバージョン・サイクル（CCC）」を常にマイナスの水準で維持している[3]。

　つまり，売上が拡大すればするほど，手元のキャッシュは増えていくモデルである。これにより，マーケットから資金調達を行わずとも，投資資金を確保することが可能となり，Amazonの経営戦略である，新規事業や先進技術への継続的な投資が実現できるのである。なお，投資家の目線では，利益率の確保を目指すAppleの場合には，配当によるリターンも期待できる一方，無配を継続しているAmazonの場合は，事業領域の拡大やシェアの拡大による株価の上昇，つまり株式売却時のキャピタルゲインが最も期待されている。

　AppleとAmazonの事例より，各社の経営戦略の違いによる，重要業績評価指標（KPI）の違いについてご理解いただけたであろうか。貴社においても経営戦略を紐解き，その経営戦略の実行とは，すなわちどの重要業績評価指標（KPI）の実現に当てはめられるのか，という点をしっかりと考えてほしい。繰り返しになるが，そのロジックこそが実は非常に重要なのであり，我々はそれを会計戦略と呼んでいる。そして，この会計戦略を定義することにより，重

3　参考文献：DIAMOND online「【アマゾン・ドット・コム】eコマース一本勝負から多角化　薄利主義から稼げる企業へ変貌」（2019年7月5日）。

要業績評価指標（KPI）の達成と経営戦略の実行がリンクし，その2つの概念の関連性が論理的に示されることとなる。

　なお，余談にはなるが，会計戦略の定義を試みても，どうしても経営戦略から会計戦略が導き出せないケースも存在する。そういった場合には，経営戦略をより具体化することも場合によっては必要になる。つまり，経営戦略として，何を強みとし，どのような原理においてマーケットで勝ち続けるのか，という点が具体的に示されていない場合には，どう頑張っても，ここから会計戦略を定義し，重要業績評価指標（KPI）へ落とし込むことはできない。まずは戦略がしっかりと固まっていることが何よりも前提であり，その上で，その戦略を数値目標として定義することが可能になるのである。

（参考）経営戦略からKPIを策定するためのアプローチ
A）　経営戦略から会計戦略への落とし込み
　　◇　経営戦略の定量情報への関連づけ（どの数字を重視するのか，それはなぜか）
　　　　利益重視型，C/F重視型，etc.
B）　会計戦略を実現するためのKPIの設定
　　◇　利益重視型であれば，粗利率・営業利益率・実効税率を重視
　　◇　C/F重視型であれば，低利益率は受容，CCC・収入（売上×回転期間）・支出（費用×回転期間）を重視

⑵　中期経営計画の策定方法〜将来予測からのバックキャスト〜

①　フォアキャスティング思考とバックキャスティング思考

　第2章では「不確実性を考慮した中長期の収益計画作成」として，積上げ型（フォアキャスティング思考）での中長期計画作成の限界，ならびに未来における自社のありたい姿からの逆算（バックキャスティング思考）での中長期計画作成の重要性を述べた。ここでは，「経営戦略・経営目標の設定」における2つ目の論点として，中期経営計画の策定に関する論点を挙げ，第2章で述べ

た内容をさらに深掘りしたい。

　貴社が日本法人の場合，IR資料として中期経営計画を作成しているケースが多いと思うが，貴社では，この中期経営計画をどのように作成しているだろうか。

　新型コロナウイルス感染症や自然災害等による不確実性が高まっている昨今においては，特に中長期的な計画策定のあり方には関心が高まってきている。このような不確実性を織り込んだ計画策定を実現したいと考えた場合，現状の事業内容の継続を前提とした積上げ型（フォアキャスティング思考）では太刀打ちができない。我々が置かれている現代社会の状況を踏まえた場合，未来とは，現在の単純な延長線上には存在しない。おそらく実際の未来とは，何かしらの変化が織り込まれた状態であり，その変化に対応するためには，各企業には何かしらの変革が求められるのである。そのような前提を踏まえた場合，不確実性を生むと想定されるドライバーを特定した上で，将来予測（起こり得る未来の予測）を行い，予測された未来における自社のありたい姿を起点として，そこからの逆算（バックキャスト）で中期計画を作成するアプローチ（バックキャスティング思考）が重要となってくる。このような考え方を用いて中期計画を策定することで，仮に想定していなかった事象が将来発生した場合であっても，過去に実施した将来予測に立ち返り，将来予測を見直すことで，発生した事象を踏まえた中期計画の再策定がスピーディにかつ根拠性をもって実施できるようになるのである。このバックキャスティング思考は，SDGsやサステナビリティ経営の発展に伴い，広く普及し始めている考え方であるが，現代の時代背景にも合致した考え方ととらえることができる。それでは，このバックキャスティング思考とは，具体的にはどういったアプローチで成り立っているのであろうか。

② 英蘭ロイヤル・ダッチ・シェルにおけるシナリオプランニングの活用方法

　バックキャスティング思考で中長期計画を作成するためには，まず初めに，何らかの方法で，将来のビジネス環境や自社のありたい姿を想像し，未来のシ

ナリオを描く必要がある。未来のシナリオを描く方法論の1つに「シナリオプランニング」という考え方がある。シナリオプランニングとは，「世界は不確実である」という前提に立ち，自社の置かれているビジネス環境における環境変化のドライバー（要因）を洗い出し，それぞれのドライバーがビジネスに与える影響を評価した上で，自社が考慮すべきシナリオを描き，そしてそのシナリオに対して自社がどのように立ち向かうのかをあらかじめ整理する手法である。シナリオプランニングの成功事例としては，英蘭ロイヤル・ダッチ・シェルの事例が有名である。

　シェルでは，1973年5月よりシナリオプランニングの手法を用い，起こり得る未来を予測し，その未来に対応することが可能な自社の戦略を定義している[4]。

　1973年10月には，世界で第1次石油ショックが起こり，原油価格が5倍に高騰する事態となったが，シェルは未来のシナリオの1つとして，この事態を予測しており，そのため第1次石油ショックが起こった際には当時の石油メジャーで唯一，危機に適応し，勝ち続けることができたと言われている。さて，このシェルの事例を聞くと，「正確に未来を予想することが重要」だと思われる読者もいるかもしれない。たしかにシェルは，第1次石油ショックの事態を予測していたし，その意味では「未来を言い当てる」ことができていた。しかし，シェルのシナリオプランニングの目的は，必ずしも未来を予言することではない。むしろ，未来を正確に予測することは不可能である，という至極当然の前提に基づいている。そのため，シェルでは，社会，政治，経済等の様々な要素を組み合わせて複数のシナリオを描く。そしてそれぞれのシナリオをケーススタディとして，経営トップ層はその未来に自社の姿を投影し，戦略を考えるのである。つまり，経営戦略を考えるためのスキームとしてシナリオプランニングは活用されている。シェルはこのような手法を40年以上も使い続け，常に世界のトップカンパニーの1つであり続けているのである。

4　参考文献：角和昌浩「「シェル流」シナリオプランニングの実践手法」（日本LCA学会誌＝ Journal of Life Cycle Assessment, Japan 10巻3号）（2014年7月）。

③　トヨタ自動車における未来シナリオの作成

　日本国内での別の事例を見てみよう。トヨタ自動車の事例である。トヨタ自動車は「未来創生センター」という組織を持っており，次世代に役立つ先端技術の研究を行っている。現在トヨタ自動車では，「ロボティクス」「社会システム」「数理データサイエンス」「バイオヒューマン」についての研究に力を入れており，その他にも，脳科学の研究などにも取り組んでいる。未来創生センターの理念として，「ロバスト性の高い技術を生み出す」という理念を掲げており，未来に向けた強みを創出することを重要視していることがわかる[5]。

　また，トヨタ自動車にはもう1つ，未来を考えるための組織がある。「未来プロジェクト室」である。この組織では，10年，20年，あるいはそれ以上の長いスパンで未来の社会を想定し，トヨタ自動車が想定するニーズを想像し，そこからどのようなモビリティが必要になるかを発想する。新たなビジネスサービスの企画提案を行う組織である。この組織では，約30年先までの未来の社会や暮らしを予測し，それを「未来年表」として整理している。この未来年表では，自動車業界に限定することなく，広く社会全般をとらえ，社会全般で発生している変化の兆し（社会，経済，政治，テクノロジー，その他）を読み取り，シナリオを作成している。2050年頃までに起こる可能性のある200のシナリオを年表化している取組みだ[6]。

　この未来年表を用いて長期的なビジネス戦略や技術戦略を描いていく。

　英蘭ロイヤル・ダッチ・シェルとトヨタ自動車の事例に共通していることは，「未来を起点とした発想」であり，「変化する社会においてリーダーとなる」ことへの決意といえる。もちろん，現在の事業の継続も非常に重要なテーマである。事業の継続なくしては企業の存続はあり得ないからである。しかし，それだけでは社会で起こる様々な変化を乗り越えながら持続的に成長することは難しい。やはり，未来思考を持つことは，長期的な成長戦略を考える上では重要

5　参考文献：TECH PLAY Magazine「トヨタの未来を創る「数理データサイエンス＆ロボティクス」の研究と実証試験に迫る」（2021年12月20日）。
6　参考文献：特定非営利活動法人ミラツク「人生100年時代の未来社会をデザインする【ミラツクフォーラム東京・春の回】」（2018年7月12日）。

ではないかと考える。

　さて，未来思考で経営戦略を立案することの重要性を長々と話してきたが，次に，自らが定義した未来のシナリオを基に，自社の長期計画を策定する必要がある。長期計画とは，10〜30年程度の長いスパンで企業がどのような成長を描き，その結果どのような存在になっているべきなのかを示し，さらにはそれを達成するために何を実現しないといけないのかを定義したものである。この長期計画の前提には，先ほどから言及している未来のシナリオが存在する。つまり，未来のシナリオが明確であればあるほど，長期計画も具体的にすることができるが，未来のシナリオが不明確な場合，長期計画についても，ビジョンや経営理念を示しただけの曖昧なものになってしまうことが懸念される。さらに言うと，この長期計画が曖昧なものになってしまうと，中期計画を長期計画から導き出すことが困難となり，結果的に「現状の事業内容の継続を前提とした積上げ型（フォアキャスティング思考）」でしか中期計画を作ることができなくなってしまう。そのため，なるべく明確に未来のシナリオを描き，長期計画を具体化し，長期的に達成すべき事項とそのための施策を打ち出すことが重要となる。

　長期計画は，現在ではなく，未来における自社の姿を起点に検討されたものであるため，それを達成するためには，新規事業の立上げ，事業構造や組織構造の変革，新しい戦略や経営／事業プラットフォームの導入，等を伴うことが多い。この長期計画を実現するための具体的な行動（アクションプラン）は，中期計画として定義する必要がある。長期計画を達成するために中期のマイルストンでは，何をどこまで実現する必要があるのか，という点を具体的な根拠やロジックに基づき，定義する必要があるのである。また，中期計画では，達成すべき数値目標についてもあわせて定義する必要がある。つまり，ここで売上高や利益率といった収益管理の要素についても登場するのであるが，ここで重要なのは，中期計画で定義する数値目標については，長期計画を実現するために中期的に達成しないといけないマイルストンと整合したものになっている必要がある。例えば，シェアを拡大するため，中期時点で新しいプラット

フォームを導入し，運用していくことが求められるのであれば，そのための投資コストは見込んでおく必要があるし，中期時点でその効果も何割か見込むのであれば，それをマーケットシェアや売上高に反映しておく必要がある。これらは，現在の事業の継続では導出されない観点であり，長期計画からのみ導き出すことが可能な数値目標といえる。このように中期計画では，短期的な事業計画と長期的な経営計画を融合させたものとして策定することが求められるのである。

⑶　長期計画／中期計画／短期計画の連動～中期経営計画の見直しサイクル～

「戦略・目標の設定」における最後の論点として，長期計画／中期計画／短期計画をいかに連動させるのか，という論点を挙げたい。この論点では，中期経営計画をどのようなサイクルでレビューし見直すべきなのか，という点がポイントになる。

日本企業では，中期経営計画をIR資料の位置づけで作成するケースが多いが，3年または5年に一度，中期経営計画を作成し，IR資料としてリリースした後は，企業活動においてその計画を振り返る必要はないのだろうか。何度も述べているとおり，不確実性の高い現代において，3～5年スパンで策定される中期経営計画の前提がその計画期間中，全く変化しない，ということは考えにくい。そのため，少なくとも，中期経営計画は，計画を策定した時とビジネス環境等の前提が変わっていないか，また自社の成長が当初想定したとおりに推移しているか，といった観点で定期的にレビューを行う必要はあると考える。なお，中期経営計画はIR資料として外部にも公表しているものであるため，基本的に変更はするべきではない，という考え方で運用をしている企業も多いと思う。しかし，一方で前提となるビジネス環境等が大きく変わる事態が発生した場合には，変化を織り込んだ計画に見直す，といったことも検討が必要になると考えられる。海外の企業では，日本のように中期経営計画をIR資料として開示はしていないため，基本的には中期経営計画を固定するのではなく，

いわゆるローリング方式を採用しており，年度計画を策定するタイミングで中期経営計画の達成状況についてもレビューを行い，必要に応じて計画を見直す（次年度を起点とした向こう3年間等の中期経営計画を再策定する），というプロセスを採用しているケースもある。そうすることで，常に中期経営計画と年度単位に作成している短期計画とが整合した状況となり，中期経営計画が経営管理ツールとしても意味を持つのである。日本国内の企業でそういったプロセスを採用している企業はそれほど多くないのではないかと思うが，こういった海外企業の事例については，中期経営計画を経営管理ツールとして最大限活用するための1つの考え方として，参考にすべきではないかと考える。

3　KPI（部門・個人別）の設定

⑴　KPIの具体例とKPIツリー

　さて，経営目標の達成状況を管理するために重要業績評価指標（KPI）の策定が必要である点，またそれらは経営戦略と整合している必要がある点について述べてきたが，グローバル連結収益管理では，重要業績評価指標（KPI）として，一般的にどういった指標が使われるのだろうか。ここでは，具体例を示しながら，その一部を紹介していきたい。

　第1章でも述べたとおり，重要業績評価指標（KPI）には，収益性・安全性・活動性・生産性・成長性という5つの観点が存在する。以下に重要業績評価指標（KPI）の観点ごとに，その定義，管理目的，KPI例を示す。

　本書のテーマは「グローバル連結収益管理」であるため，上記の観点のうち，「収益性」にフォーカスして話をしていく。なお，「収益」という言葉からは，損益計算書の各種利益（売上総利益・営業利益・経常利益・税引前当期純利益・当期純利益）を連想される方が多いかもしれないが，第1章でも述べたとおり，昨今では，「収益性」における指標として，自己資本利益率（ROE：

企業価値向上

KPIの観点	収益性	安全性	活動性	生産性	成長性
観点ごとの定義	➤ どれだけ効率的に収益を上げているかを示す	➤ 財務的なショックに対してどれだけ耐久力があるかを示す	➤ どれだけ効率的に資産を使い，売上を上げているかを示す	➤ 資源のインプットに対して，どれだけのアウトプットを生み出しているかを示す	➤ 過去の実績や市場の動向と比較して，どれだけ成長力や将来性があるかを示す
管理目的	➤ 利益の向上 ➤ カネの面からの企業活動の効率性向上	➤ 財務面での危険回避 ➤ イレギュラーなショック(損失)への耐久度チェック	➤ 資産の効率的な活用 ➤ 債権債務・棚卸資産等の適切な管理	➤ 資源の効率的な活用 ➤ 余剰資源の削減	➤ 自社の将来性把握 ➤ 他社・市場全体との業績比較
KPI例	➤ ROA ➤ ROE ➤ ROIC ➤ 営業利益率	➤ 株主資本比率 ➤ 流動比率	➤ 総資本回転率 ➤ 固定資産回転率 ➤ 棚卸資産回転率 ➤ 売上債権回転率	➤ 付加価値 ➤ 労働分配率	➤ 売上高成長率 ➤ 固定資産増加率

（出所）アビームコンサルティングにて作成

Return On Equity）や総資産利益率（ROA：Return On Asset）また投下資本利益率（ROIC：Return On Invested Capital）等に代表される「資本効率を加味した利益額」が特に重視されている点に留意いただきたい。

また，ROE，ROA，ROICといった指標は，その指標を構成する要素に要素分解することができる。これを「KPIツリー」と呼ぶ。KPIツリー上，上位の指標を達成するためには，下位に位置する指標の達成が必然的に必要となる。

次頁に，伊藤レポートが紹介したデュポン分析によるROEを頂点としたKPIツリーを再掲する。

第1章でも述べたとおり，ROEという指標は，投資家が投資した資本に対し，企業がどれだけの利益を上げているかを表しており，ROEを高めるためには，以下を達成する必要がある。

① 利益率を上げる

② 総資産回転率を上げる（過度な設備投資や滞留在庫はないか）

③ 返済不要な資金で事業規模を拡大したか（安定株主比率が下がると買収リスクが高まるため，必ずしも無借金経営を是とするものではない。事業拡大のためには，有利子負債を活用した投資も必要）

【ROEの分解事例】

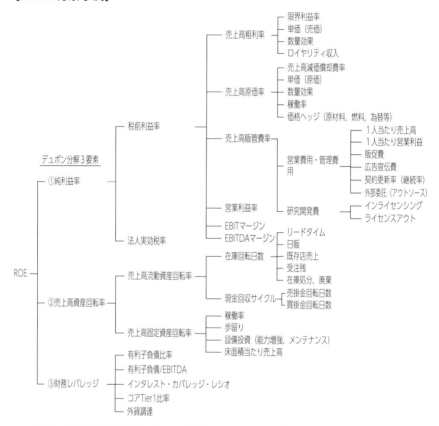

（出所）経済産業省「持続的成長への競争力とインセンティブ～企業と投資家の望ましい関係構築
　　　～」プロジェクト（伊藤レポート）平成26年8月を基にアビームコンサルティングにて作成

　ここからさらに思考を深めると，①として挙げた「利益率を上げる」＝「売
上高純利益率を上げる」を達成するためには，例えば，以下のような事項を
個々に達成することが必要になり，これらに相当する指標がKPIツリー上に定

義されている。

【＜参考＞達成すべき事項とKPI指標】

達成すべき事項	KPIツリー上の指標（例）
• 商品やサービスに付加価値を付ける，市場における競争優位性を確保することにより，販売価格（売価）を上げ，売上高総利益率（粗利率）を改善する	売上高利益率 　限界利益率 　単価（売価）
• 価格交渉により材料や商品の仕入価格を下げる，製造工程を効率化することにより，売上高原価率を下げる	売上高原価率 　売上高減価償却費率 　単価（原価） 　価格ヘッジ（原材料，燃料，為替等）
• 営業戦略や販売戦略の質を上げることにより，営業担当者１人当たりの売上金額を増やす	売上高販管費率 　１人当たり売上高 　１人当たり営業利益
• 費用対効果の高い広報活動により広告宣伝費を圧縮する	売上高販管費率 　広告宣伝費

（出所）アビームコンサルティングにて作成

　以上は一例であるが，このように，達成すべき指標を構成する要素を過不足なく洗い出したもの，言い換えるとその指標を達成するために必要なアクションや考慮すべき定量情報を漏れなく洗い出したものがKPIツリーであり，KPIツリー上，下位に位置する指標ほど，事業活動の各現場における活動との関連性が強くなる。

　次の項では，経営目標を各組織や各個人へ落とし込むことが重要である旨を述べるが，そこでは，このKPIツリーを活用しながら，指標をアクションに落とし込むことが重要になってくる。

　最後に，昨今，多くの企業が重視しているROICのKPIツリー（俗に言うROICツリー）の一例についても紹介しておきたい。貴社で指標としてROICを取り入れる際に１つの参考にしていただければ幸いだが，KPIツリーの作成方

法として，デュポン分解が標準的な考え方として定着しているROEとは異な
り，ROICツリーの定義方法（ROICの分解方法）はいくつか存在し，各社ごと
に採用されるKPIツリーの内容が異なる。我々がコンサルティングサービスと
してROICツリーを定義する場合は，競合他社の事例調査と比較可能性の検証
を行い，またクライアント企業の財務情報を分析した上で，ROICを必要な要
素に分解した上で，ROICツリーとして組み立てている。ぜひ，貴社にとって
ROICを達成するために必要な要素を導き出し，最適なROICツリーを定義して
いただきたい。

⑵　経営目標に対する各組織の責任の定義

①　経営目標や経営計画の組織・個人へのブレイクダウン

　次に，重要業績評価指標（KPI）に関する論点を，組織の切り口から整理し
たい。全社の経営目標を重要業績評価指標（KPI）へ落とし込む際には，その
重要業績評価指標（KPI）の達成に責任を持つ，組織や個人についてもあわせ
て定義する必要がある。つまり，組織別の目標設定，さらには，個人別の目標
設定が必要となるのである。これは言い換えると，経営目標や経営計画を部門
および個人のアクションに落とし込むことに他ならない。おそらく，経営者か
ら全社の経営目標が示された際，それを自分ごととしてとらえ，経営目標達成
のために何をしないといけないのかを自発的に考えて行動に移せる社員は（全
く存在しないとは言わないが），あまり存在しないのではないか。それが事業
別の数値目標や事業計画に落とし込まれていた場合であっても同様であり，や
はり，社員個々人がその目標の達成を自分ごととしてとらえることは難しいの
ではないかと思う。つまり，経営戦略を実際に実行に移し，経営目標や経営計
画を達成していくためには，それらを詳細な管理単位にブレイクダウンしてい
く必要があると考えられる。

　ここでも，先ほど述べたKPIツリーが手法として用いられることになる。
KPIツリーにおいて，下位に位置する指標ほど，各現場における事業活動との
関連性が強くなるため，重要業績評価指標（KPI）を組織や個人へ落とし込む

【ROICのKPIツリー例】

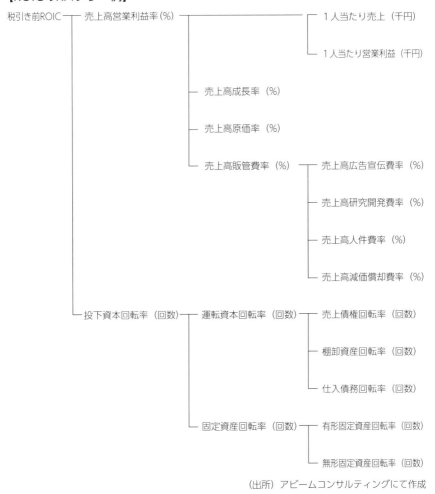

（出所）アビームコンサルティングにて作成

　際には，KPIツリーを定義し，管理指標を要素分解した上で，要素分解された各指標の達成には，どの組織が施策やアクションを起こしていく必要があるのか，というマッピングを行う必要がある。

　79頁に，ROEのKPIツリーを例とした，各指標の組織機能へのマッピング例

を示す。

この例では，「売上高粗利率の確保」を達成するために必要な各要素を研究や開発といった，商品やサービスの開発を担う組織機能にマッピングしている。これは例えば，新商品の開発や既存商品の改善により，各商品へ新たな価値を付け，市場競争力の高い商品を生み出し，その結果，販売単価を上げていく，といった一連のアクションには，研究や開発といった組織の貢献が必要になるためである。当然，そういった研究および開発の絶え間ない努力によって生み出された商品を顧客に紹介する際，どれだけ魅力的なプレゼンテーションを行い，その結果，高い価格での成約につなげるか，という点においては，営業力が何よりも重要であり，それらは営業機能が負うべきミッションと考えられるため，当然，営業機能についても各指標へのマッピングを行っている。

また，「1人当たりの売上高」「1人当たり営業利益」という指標に着目してほしい。これらの指標は，少数の営業担当者が効率的に売上および利益を確保することで，売上高販管費率の適正化を図ることを目的として設定されているものであり，組織機能としては営業機能が責任を負うべき指標と考えられるが，実際に各営業機能内で指標の達成状況を管理する上では，営業担当者1人ひとりに対して営業目標を設定する必要がある。つまりこれらの指標については，個人別の目標管理，というレベルまで管理単位を詳細化することが求められると考えられる。

上記で例示した，管理指標と各組織機能のマッピング例は，説明を簡略化するために簡易的なモデルとして提示した。しかし実際には，KPIツリーで定義された各指標の達成責任を各組織や個人に割り当てる際には，事業別や地域別といった切り口で責任の所在をさらに詳細化することが必要となる。各指標における責任の所在を詳細化する際，どういった軸に着目して詳細化するか，という点が論点の1つとなるが，基本的には，各企業の組織構造と整合している必要がある。つまり，各企業において組織構造を定義する際には，こういった点についても考慮が必要になると考えられるのである。

【管理指標と各組織機能のマッピング（例）】

ROE
- ①純利益率
  - 税前利益率
    - 売上高粗利率
      - 限界利益率
      - 単価（売価）
      - 数量効果
      - ロイヤリティ収入
    - 売上高原価率
      - 売上高減価償却費率
      - 単価（原価）
      - 数量効果
      - 稼働率
      - 価格ヘッジ（原材料，燃料，為替等）
    - 売上高販管費率
      - 営業費用・管理費用
        - 1人当たり売上高
        - 1人当たり営業利益
        - 販促費
        - 広告宣伝費
        - 契約更新率(継続率)
        - 外部委託（アウトソース）
      - 研究開発費
        - インライセンシング
        - ライセンスアウト
    - 営業利益率
    - EBITマージン
    - EBITDAマージン
  - 法人実効税率
- ②売上高資産回転率 ・・・
- ③財務レバレッジ ・・・

組織機能

指標	研究	開発	調達	製造	物流	営業	管理
限界利益率	○	○				○	
単価（売価）	○	○				○	
数量効果	○	○				○	
ロイヤリティ収入	○	○				○	
売上高減価償却費率				○			○
単価（原価）		○	○	○			
数量効果		○		○			
稼働率				○			
価格ヘッジ（原材料，燃料，為替等）							○
1人当たり売上高						○	
1人当たり営業利益						○	
販促費						○	
広告宣伝費						○	
契約更新率(継続率)						○	
外部委託（アウトソース）						○	
インライセンシング	○						
ライセンスアウト	○						

（出所）アビームコンサルティングにて作成

②　連結収益管理のためのあるべき組織構造の定義

　全社の経営目標を事業別に落とし込み，それをさらに各組織の目標としてブレイクダウンしていくことを念頭に置いた場合，どのような組織構造が適切であり，それぞれの組織にどのような責任を与えるべきなのか，という点は，重要業績評価指標（KPI）の策定における重要な論点の1つになると考えられる。なお，組織への責任の振り分け方としては，事業別，地域別，機能別，事業×地域等のマトリックス等，様々なバリエーションが考えられる。

　例えば，グローバルで複数事業のビジネスを展開している総合商社等の企業を例に挙げると，組織構造として事業部制を採用している一方で，各地域（北米・中南米，中東・アフリカ，ヨーロッパ，アジア・オセアニア，等）に統括責任者を置き，事業×地域のマトリックス構造で収益を管理しているケースが多い。つまり，本社に存在する事業部長にのみ責任と権限を集中させるのではなく，地方分権を実現することで，事業の拡大は事業部長が担い，地域におけるビジネスの拡大は各地域の統括責任者が担う，という構造としているのである。これは，各地域に責任と権限を分散し，各地域の収益を管理することで，各地域におけるビジネスの拡大を加速化する狙いがある。また，昨今，総合商社は，事業投資会社としての性格も強くなりつつあるが，投資先である事業会社の業績に対する責任を，事業部と地域統括が共同で担うことにより，確実な事業会社の価値向上を実現する，ということも狙いとして存在する。また別の例を挙げると，例えば製造業では，事業部制を採用している場合，共通化ができる機能組織（例えば調達部門や製造部門等）については，事業部横断組織として設定されているケースが存在する。これにより，効率的な原材料の仕入や製造ラインにおける生産性の向上に関しては，専門の機能別組織に対して明確に責任を与える一方で，売上目標の達成，また原材料の調達計画や製品の生産性も加味した最終的な事業計画の達成については，各事業部に責任を与えることが可能となる。それにより，各事業部や機能別組織が各々に課せられた指標の達成責任を意識して事業活動を推進することが可能になると考えられる。

　このように，どのような組織構造を定義すれば，各指標の責任を詳細化して

いけるのか，という点を考えることが，重要業績評価指標（KPI）そして最終的な経営目標を達成するためにも，非常に重要な取組みであるということがおわかりいただけたと思う。なお，加えて述べると，企業の経営戦略や経営目標を見直した際には，新しい経営戦略を適切に遂行するために，また各組織がそれぞれの責任を全うし，経営目標を達成するために，最適な組織構造についても再検討が必要となる点についても留意していただきたい。

(3) 重要業績評価指標（KPI）を達成するための検討事項

① 重要成功要因（KFS）の定義

次の論点として，重要業績評価指標（KPI）を達成するために必要な検討事項について整理したい。重要業績評価指標（KPI）を達成するためには，重要業績評価指標（KPI）の構成要素を理解し，それぞれの構成要素ごとに必要な行動を定義することが重要となる。これは重要成功要因（KFS）ともいわれる。簡単な例を挙げると，重要業績評価指標（KPI）として，「売上高」が設定されている場合，「売上高」の構成要素を紐解き，売上高を達成するために具体的に何が必要なのかを整理する。売上高が商品の販売単価と販売数量により構成されている場合には，商品の販売単価を上げるか売上数量を増やすことで売上高を増加させることができる。さらに言うと，販売単価を上げるためには，商品に付加価値をつけるためのブランディングを強化する必要があるかもしれないし，売上数量を増加させるためには，宣伝活動を増やすか営業部門を強化する必要があるかもしれない。こういったように，重要業績評価指標（KPI）の構成要素を紐解くことにより，具体的に何を実行すべきなのか，つまり重要成功要因（KFS）を定義することが可能になるのである。

② 重要業績評価指標（KPI）の管理軸・管理粒度

次に，重要業績評価指標（KPI）を達成するためには，各種数値情報の管理軸や管理粒度についても整理する必要がある。これは言い換えると，重要業績評価指標（KPI）における目標値と実績値のGAPを分析する際の分析軸や分析

粒度ととらえることができる。

　先ほどと同様，重要業績評価指標（KPI）に「売上高」が設定されている場合，売上高を管理するための軸として，例えば，商品別，販売先別，地域別，営業部門別，営業担当者別，シーズン別，顧客属性別など，様々な項目が考えられる。そういった選択肢の中で，自分たちはどういった項目別に売上高を管理するべきなのかを考え，管理軸／管理粒度を決定する必要がある。そして，ここで決めた管理軸／管理粒度に応じた売上高の達成目標（＝予算）を立て，その予算の達成状況を管理し，また予算と実績との乖離についての原因分析を行う。繰り返しになるが，重要業績評価指標（KPI）と経営戦略はセットで考える必要がある。例えば，事業戦略として地域に応じた戦略を考えている場合には，当然地域別の管理が必要になるし，商品に応じた戦略がある場合には，商品別の管理が必要になる。また，機能戦略（営業戦略）として，インセンティブ制度を導入しており，個人別に売上目標を設定している場合などにおいては，当然，営業担当者別の売上高の予実管理が必要になる。このように，重要業績評価指標（KPI）の管理軸／管理粒度についても，経営戦略によって採用すべき項目が異なってくる。経営戦略に応じた管理軸／管理粒度の設定が必要になるのである。

③　子会社や各部門への浸透および標準化

　最後に，重要業績評価指標（KPI）の管理における，少し実務的な論点にも言及しておきたい。重要業績評価指標（KPI）を組織別／個人別に落とし込み，その管理軸／管理粒度を決定し，さらに重要成功要因（KFS）を定義することで，理論上は，重要業績評価指標（KPI）を達成するために必要な検討は完了したことになる。一方で，こういった検討は，いわゆるグループ企業における親会社や本社にて実施されることが多い。そのため，企業グループ全体で検討結果に従って重要業績評価指標（KPI）の実現に向けたアクションを起こすためには，子会社や各部門へも重要成功要因（KFS）を共有することで同じ方向を向いて事業を推進することが重要となる。また，親会社や本社で採用してい

る管理軸や管理粒度を子会社や各部門へ展開し，子会社や各部門の数字の管理レベルを標準化することで，分析に必要な情報を正しく収集することも重要な要素となる。親会社側で決められた管理軸や管理粒度が，子会社側では管理が行われていない，もしくは管理されていてもシステムではなく，スプレッドシート等のワークアラウンドで管理されている，というケースは多く存在する。そのため，親会社や本社では，各子会社や各部門の状況をよく調査し，各子会社や各部門の状況に応じて，必要な情報の取得方法を整理する必要がある。子会社や各部門のシステム上で必要な粒度で数値の管理がされている場合には，システムから数値を収集すればよいが，そうでない場合には，手作業による数値の収集やみなしによる数値の分割についても検討する必要があるかもしれない。場合によっては，BPR（ビジネス・プロセス・リエンジニアリング）による業務の大幅な見直し，もしくはシステム基盤の改変を検討することも考える必要が出てくる可能性があるため，特に注意が必要である。

4　管理プロセスの定義／実行

　管理プロセスの定義／実行は，まさしくグローバル連結収益管理の管理そのものである。経営理念から落とし込まれた経営目標やKPI（部門・個人別）と企業活動の結果を照らし，達成度合いや進捗状況をモニタリングし，その結果から必要な打ち手（アクション）をとるための管理方法・手順を整理・定義，実践していくプロセスである。

　この管理方法・手順の整理は，グローバル連結収益管理の実行に必要となる，4つのステップとそれらを支える2つの経営基盤の設定とも大きく関係してくる。これは，4つのステップと2つの経営基盤を「5W1H」で言い換えるとわかりやすい。

　経営理念はWhy：なぜ管理する，経営目標やKPIはWhat：何を管理する，経営戦略や会計戦略はWhyでもありWhatでもあり両方をつなぐものである。

そして，Who：誰が管理する，Where：どこで管理するは，それぞれこの後説明する組織機能，システム／テクノロジーである。そして，管理プロセスの定義／実行は，When：いつ（どのタイミングで）管理する，とHow：どうやって管理するか，である。さらに付け加えると，管理プロセスの定義／実行は前ステップのKPIと４つのステップを支える２つの経営基盤（組織機能，システム／テクノロジー）の中心に位置することから，それぞれの関連性を特に意識し整理していく必要がある。誰が，何を，どこで，いつ，どうやって管理するのか，整合を図り整理することが重要となる。

【グローバル連結収益管理 全体像～４つのステップとそれらを支える２つの経営基盤（５Ｗ１Ｈ）】

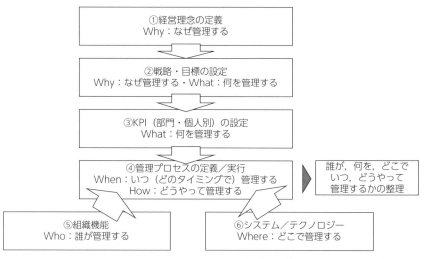

（出所）アビームコンサルティングにて作成

　それでは，管理プロセスの定義／実行における論点を見ていきたい。

⑴　KPI，組織機能，システム／テクノロジーをつなぐ管理軸の整理

　グローバル連結収益管理において最も重要と言っても過言でない整理が管理軸の整理である。

　グローバル連結収益管理における管理軸とは，連結する範囲や単位，財務情報（勘定科目，金額，セグメント等），非財務情報（地域，組織，取引先，製商品，数量等）の管理対象やその単位や粒度といったものになる。もちろん，これらはKPIでも整理され前項でも触れてもいるが，この軸の整理が，現状の組織機能あるいは求められる組織機能，システムにおいてどう財務・非財務情報を保持すべきかといった議論にも影響があり，管理方法・手順でもテーマを絞って整理をしておきたい。

①　連結範囲と収集情報の考え方

　グローバル連結という以上，連結する範囲，単位さらにグループ会社から収集する情報粒度の設定は重要要素である。

　制度連結でいえば連結範囲の決定は子会社かどうか，出資先の重要性（経営戦略上，業務の全部・一部を担うのか，売上高・利益などグループの財政状況や経営成績への影響度など）や意思決定機関への「支配力」（議決権の所有割合の他，役員や使用人の関係性，契約の関係性など）で判断され，連結子会社となるか持分法適用会社となるかが決定される。それにより，連結処理方法が異なるため，連結子会社であれば，制度連結に必要となる財務情報や有価証券報告書に必要となる注記情報（多くは非財務情報）を収集する必要があり，持分法適用会社であれば，「一行連結」と呼ばれる，持分法適用会社の利益（または損失）の親会社帰属分情報さえわかれば事が足り収集する情報は少なくなる。

　一方，管理会計であるグローバル連結収益管理は，出資先のどこまでを連結として管理するかは原則自由であり，経営戦略・会計戦略やKPIの設定から判

断すればよいが，グローバルに連結して収益を見ていくことを考えると出資先の重要性から判断することが望ましい。戦略的に重要なグローバル拠点にある出資先，業務の全部・一部を担う出資先，グループ全体の売上・利益・フリーキャッシュ等の構成に大きな影響を及ぼす出資先を範囲に含めるという考え方である。重要性が高い出資先を軸に整理されると概ね「支配力」が及んでいる出資先も含まれてくる。重要性が高いからこそ，議決権の所有割合が高かったり，役員や使用人を送り込んだり，経営上重要な契約が結ばれていたりするため，結果的には，制度連結の連結範囲と近いものになることが多い。ただし，重要性の低い出資先を連結の範囲にしないにしても，わずかでも直接投資している出資先は何かしらの意味があって出資しているはずである。連結の範囲に加えないとしても，その出資の意義を確認するための情報は収集し管理すべきである。また，持分法非適用会社や買収を検討している会社などの情報も含め収集することも留意いただきたい。

　さて，連結の範囲は制度連結の範囲と近いという話をしたが，グローバル連結収益管理の連結対象から収集すべき情報の中身や粒度についてどうかというと，そこには違いがある。

　そもそもグループ会社によって会社規模，事業内容，地域特性などに違いがあるため，グローバルレベルでの業務標準化やマスタ統一が進んでいない企業においては，非財務情報で保持する地域，組織，取引先，製商品，数量等の情報有無や粒度などに差が出てしまうものである。例えばグループ全体から製品の情報を集めようとしても，製品のとらえ方が異なり，X社は製品名のみで管理，Y社は型式番号のみで管理，Z社は製品名と色で管理と，会社ごとに管理粒度が異なることは多分にあり得る。

　当然のことながら，KPIに応じて収集すべき情報が何であるか，粒度をどうするかを決定する必要があり，グローバルでの業務標準化やマスタ統一を実行していく必要があるが，連結対象となる全グループ会社が同じ情報である必要はない。

　先にも述べたとおり，グループ会社によって会社規模，事業内容，地域特性

などに違いがあることから，グループ会社の管理負荷を考慮するとともにこれ
こそ重要性から判断する必要がある。重要性が比較的高いグループ会社からは
詳細に分析できるよう幅広い情報を細かい粒度で収集する，重要性が比較的低
いグループ会社からは必要最低限の情報を必要最低限の粗い粒度で収集する，
といった管理レベルを層別していくことで各グループ会社に過度な負荷を与え
ず親会社としても目標・KPIに応じた必要なレベルで管理が可能となる。
　下記表はグローバル連結収益管理に用いられる主な管理軸である。表の下に
いけばいくほどグループ会社から統一的な情報を正確に収集することの難易度
は高くなるため，グループ会社の状況とともにKPI，組織機能，システムの設
計とともに整理，検討が必要となる。

【グローバル連結収益管理 全体像〜４つのステップとそれらを支える２つの経営基盤（５Ｗ１Ｈ）】

収集難易度
低　↓　高

連結範囲	勘定科目	組織	詳細セグメント	金額・数量	サイクル
連結子会社	PL/BS/CF	会社	地域	金額	年次
持分法適用	管理用勘定	地域	事業	換算レート	半期
持分法非適用		事業	国	人数	四半期
		支店／工場	製品群	個数	月次
		部門	製品	重量	リアルタイム
		ライン	サービス	サイズ	
			チャネル	距離	
			仕向地		
			被仕向地		
			顧客群		
			顧客		

凡例：制度会計要件

（出所）アビームコンサルティングにて作成

②　連結単位の考え方

　グローバル連結収益管理を検討するときに管理軸の１つとして，連結の単位
をどう置くかが重要な論点となる。連結の単位は，サブ連結の単位であり，地
域別や事業別などある一定の基準でまとめたグループ会社を連結し管理するこ

とである。制度連結の場合はフラット連結（孫会社も含めた連結範囲の個社情報をそれぞれ収集し連結）ができる必要性もあるが，グローバル連結収益管理においてはサブ連結の単位で収益の実態を把握し管理することは必要不可欠となる。

　さて，このサブ連結の単位は，「3．KPI（部門・個人別）の設定　(2)②連結収益管理のためのあるべき組織構造の定義」にあるとおり，組織構造とその責任や経営目標・KPIから判断すべきであり，グローバル連結収益管理においては，どういった単位であっても連結ができるよう，連結範囲の全グループ会社を各グループ会社が把握し，内部取引消去を行い（制度連結ほど厳密である必要はなし），社外からの収益を管理できる仕組みを作っておくことが重要となる。

　例えば，地域（北米，EU，アジア等）別に統括会社が置かれ各地域に収益管理責任がある，一方親会社は事業（二輪，四輪，トラック等）別に収益管理も行いたい，といった両方の管理が必要な場合，連結範囲の全グループ会社を各グループ会社が把握できていれば，各地域を連結の単位としてサブ連結を実施することも，各事業を連結の単位としてサブ連結を実施することも，連結の単位を変えてグローバル連結収益管理を実施することが可能となる。

　また，経営目標やKPIが将来的に変化していくことも十分に考えられ，その点を考慮すると，あらゆる単位で連結ができるよう連結範囲の全グループ会社を各グループ会社が把握できていることは非常に重要となってくるのである。

③　管理プロセスを支える，コミュニケーションの重要性

　ここまで，連結範囲と収集情報と連結単位の考え方の論点に注目し解説してきたが，これらを実現するためには，親会社からグループ会社へタイムリーに情報提供ができるか，あるいはグループ会社がその情報を受け取ることができるかが重要なポイントとなる。これは，親会社とグループ会社とのコミュニケーション設計であり，管理プロセスの定義として整理をしておきたい。

　そもそも貴社では制度でも管理でも連結決算期に子会社に向けその期の決算

スケジュールや連結決算の方針（換算レートや基準・処理変更など）の連絡はできているだろうか？　連絡はしているがグループ会社の担当者が退職して連絡が受け取れていない，といったことはないだろうか？　海外では社員の流動性が日本に比べ高いため知らぬ間に担当者がいなくなっていたという話はよく耳にする。もし，ここに不安があるのであれば，まず，連結範囲の責任者と担当者を押さえることから着手する必要がある。地味な事柄ではあるが，グループ会社が多くなればなるほどおざなりになるものである。少なくとも四半期で担当者確認も含め親会社から通達書など正式な文書で連絡するもよし，あるいはメールで一斉送信するもよし（ただし受取確認は必須），さらにグループ会社用のホームページを用意しそこにも掲載をしておくことも効果的である。アクセスを確認することでホームページを見にいってくれたことは確かめることができる。さらに企業によっては，年1回統括会社や主要会社の責任者が一堂に会し業績結果報告を兼ねグローバル連結収益管理に関する依頼事項を伝えている企業もある。どこまで実施するかは各企業次第ではあるが，定例的なコミュニケーションの場を用意しておけばその場で情報を連携することができるため，ぜひとも実践いただきたい。

④　海外グループ会社へのガバナンス

　グローバル連結収益管理の管理プロセスの定義／実行とは少々異なるテーマではあるが，海外グループ会社へのガバナンスについて少し触れておきたい。新型コロナウイルス感染拡大によるグローバル分断が起き，海外グループ会社の駐在員の撤退，現地社員も親会社社員もテレワークでのコミュニケーションとなり，タイムリーにかつ正確に財務状況や会社の状況，実態がつかみにくくなってきている。そのため，特に海外グループ会社に対するガバナンスが利きにくくなってきている。そもそも業績が悪化している企業もあることから，不正に手を染めてしまうといったこともないとは言えない。もちろん，不正対応のためのルールは構築できているであろうが，様々な理由から，不正を抑止できないケースや起こっていても見逃してしまうケースが起こり得るものである。

そのため，グローバル連結収益管理を実践する企業は，海外グループ会社への
ガバナンス強化も意識する必要がある。

　親会社から内部監査として人員を派遣することが困難な状況においては，デ
ジタルテクノロジーを活用することで対策を打つ必要がある。グループ会社か
らのデータ収集がスプレッドシート等の収集パッケージである場合は，システ
ム化やデジタルテクノロジーを活用することで，取引内容のチェック，ワーク
フローによる承認を行うだけでもそのリスクを抑えることができる。できるこ
となら，世の中にある不正検知ソリューションを活用し，伝票や変更履歴の
チェック，過去や他取引との比較によるブレの発見などを行い，不正を発見で
きる仕組みを用意できることが望ましい。また，グループ会社管理においては
性善説ではなく，性悪説に立っていただきたい。決してグループ会社を疑うわ
けではないが，不正ができてしまう環境を作ってしまっていることを問題とと
らえ環境を整えることが重要である。

　不正を見逃した結果，株主，顧客，社会といったステークホルダーに影響を
及ぼすことがあれば，グローバル連結収益管理どころの話ではない。グローバ
ル連結収益管理を実践し，グローバルから財務・非財務情報など様々な情報を
集め管理している企業だからこそ，情報に目を光らせガバナンスを利かせた管
理を実施していただきたい。

⑵　グローバル連結収益管理における最適な管理プロセス

　さて，改めてであるが，グローバル連結収益管理は，KPIの達成状況や達成
の見通しを評価し，改善点がないか，計画の見直しが必要か，といった考察を
した上で，各部門のさらなる行動変革を起こしていく必要がある。またそれを
各事業の事業戦略やビジネスモデルの見直し，さらには全社戦略の見直し，と
いった経営上の意思決定にまでつなげることが重要であり，そのための管理プ
ロセス（いつ，どうやって）を定義した上で実行していく必要がある。

①　管理プロセス定義

管理プロセスは,

- 目標設定のプロセスの定義
- 管理レポート体系／運用ルールの定義
- 主要会議体／意思決定機関の定義

の３つの定義が必要となる。

KPI（部門・個人）の目標設定プロセスにおいて重要な役割を果たすのが,事業計画/予算編成のプロセスとなる。経営戦略や会計戦略,そこから紐付く経営目標・計画とKPIに一貫性がないと,「数字づくり」が予算編成の目的となってしまい,経営層と現場とのギャップや計画を達成するための現場レベルでのアクションプランが明確にならないといった問題が起きてくる。そうならないためにも,KPIに基づく予算編成の手法（トップダウン／ボトムアップ,ハイブリッド型）を定義し,その作成スケジュールを決定（あるいは見直し）する必要がある。グローバル連結収益管理においては,管理がグローバルにわたり,各グループ会社や統括会社で作成・検討にも時間がかかるため,トップダウン型で計画を作成し,組織や個人においては,実現のためのアクションプランの検討を中心に行うプロセスが望ましい。スケジュール作成は実施すべき年度開始からの逆算でマイルストンを置きながら目標設定を行うためのプロセス（データ準備,分析,計画作成,アクションプラン設定など）を決定していく。

管理レポート体系／運用ルールの定義では,実際にどういった管理レポートを基にグローバル連結収益管理を評価するか,それをどういったルールで行っていくかを決定する。

多くの企業において,管理レポートは親会社の経営企画部門や経理・財務部門でとりまとめられ管理され経営目標や計画に対する結果を各事業や機能へ,KPIに対する結果は各部門へ連携されることが一般的であろう。グローバル連

結収益管理においても整合性を担保された状態で管理レポートの体系が整理されていることが望ましい。もちろん各事業，各機能独自のものがあってよいが，管理プロセスに乗せるレポートとしてはKPIとして定義されたものやそれを補うものであるべきである。評価を行いアクションにつなげていくためにノイズは排除したほうがよい。また，運用ルールの定義においては，前項の管理軸でも少し触れているサイクル（年次，半期，四半期，月次，リアルタイム等）を定義することが重要である。定期的な評価の運用サイクルは年次，半期，四半期，月次など決めごととして決定すればよいが，ことにグローバル連結収益管理は，その言葉どおり，グループ会社から集めてきた情報から内部取引を消去した真の収益を図る必要があり，連結方法によってサイクルやサイクルの中でのタイミングの検討が重要となってくる。例えばより正確に収益を把握したいのであれば，制度連結のルールに従って完全な連結処理を実施した上で収益管理を行う必要がある。一方，おおよその傾向がとれればよい，速報で状況を認識したいということであれば，簡易な連結処理（例えば合算だけして前期の消去割合で処理，主要会社だけ処理する等）で収益管理を行えばよい。前者であれば，グループ会社から正確な情報を揃え処理を行うために時間がかかるため，制度連結と同じ四半期サイクルで管理する。後者であれば，全グループ会社からの正確な情報でなくとも実施ができるため，月次や四半期，年次などの速報値で管理することが可能となる。KPI，組織機能，システムの設計とともに整理，検討をしていく必要がある。

　主要会議体／意思決定機関の定義においては，各組織間の円滑な連携および迅速・的確な意思決定等を実現するための会議体や意思決定機関を定義する必要がある。細かい話ではあるが，目的／報告事項／報告書式・形式／討議事項／結論として明らかにすべき項目，さらには出席者／日程などについてもあらかじめ定義しておくことが重要である。ここにおいても，組織階層に応じたトップダウンの会議体の設定が必要となる。経営の意思が現場に届くような会議体の設定と現場の声が経営層に届くような報告事項，討議事項と出席者を定める必要がある。また，年度によって決算発表や株主総会などのカレンダーも

【サンプル：主要会議体での報告事項／討議事項】

会議体名称	目的	討議/報告内容	主催者	参加者（敬称略）	タイミング
取締役会	経営課題の討議および決裁	【経営全般，前月の業務報告】 ・財務諸表および市場／競合動向，全KPIを報告する。 ・各事業部，営業，工場，SCMなどのアクションプランおよびその進捗を報告する。 KPI，アクションプラン重視の報告	CEO	取締役：XX名 監査役：X名	第16営業日
経営会議2	各実績値（速報値）の共有と討議	【事業部収益速報および営業概況報告】 ・各事業部の速報PL（売上確定後の標準原価ベース）および事業部系／営業系KGIを報告する。 ・経営課題の共有とアクションプランの方針を討議する。 事業部PL速報の報告	CFO	CEO 取締役全員：XX名 常勤監査役 営業・業務用営業，経理，IR・CSR担当，その他CEOが指名した者	第5営業日
XX連絡会議	XX間の情報共有と討議	【各事業部内の組織および本社Dの業務報告】 ・事業部内組織の月次業績（KPI）とアクションプランを報告する。 ・本社Dの当該業務および経営課題等を報告する。 KPI／アクションプラン重視の報告	各事業部SP	経理，マーケ，SCM，R&D，工場長	第12営業日
事業部会議	事業部経営全般の討議および決裁	【各事業部のアクションプラン策定および進捗分析】 ・月次業績（各種PLおよびKPI）報告／XXX分析を受け，事業部内のアクションプランを討議し，XX連絡会議，取締役会での報告内容を確認する。	各事業部	各事業部（出席者限定） 議題に応じ，XXが指名した工場長，SCM担当者，担当者	第11営業日＋随時

（出所）アビームコンサルティングにて作成

異なるため，年度初めに当年度の決算スケジュールとともにグローバル連結収

益管理のスケジュールもあわせて定義できると円滑な運用が可能となる。

②　管理手法PDCAサイクルとOODAループ

　企業はこれまでどうやって収益管理をしてきたか，その多くはPDCAサイクルを定義し，計画／予算策定，計画に基づく実行，予実差異の分析，そして計画／予算の見直し，といった一連の活動を行ってきた。

　一方で，現在の不確実性の高まりや社会における目まぐるしい変化を踏まえた場合に，このPDCAサイクルを継続していくことが果たして妥当であるのか，はたまた第1章の2(3)収益管理の課題，で触れたOODAループのほうが妥当ではないか，という点は考察が必要である。

　改めて，OODAループについてであるが，

O（Observe）：客観的な観察（情報収集）をする
O（Orient）：観察結果に対し仮説を立てる
D（Decide）：仮説から論理的に判断する（または仮説に戻る）
A（Act）：行動する（または試行）

を高速にループしていくことをいう。

　PDCAサイクルとOODAループとの一番の違いは，不確実性の考慮があるか否かである。PDCAサイクルは不確実性の考慮がない（または低い）ことが前提である。なぜならば，計画・予測を作成することからスタートし，それに沿って実行していくためである。計画や予測にないことが起きると当然のことながら当初のゴールにたどり着くことはできなくなる。もともと，PDCAサイクルは統計的品質管理から生まれたもので，「いかにブレを少なくするか」が重要であり，その前提として工程が決められているため不確実性が高い状態で計画や予測を立て実行していく管理としては，そぐわないのである。

　一方，OODAループは，現状の事実からスタートし仮説を立てて実行して

いくため，もともと計画や予測はなく変化が起きたとしても，また観察や仮説
を立て直すところに戻って対応するため不確実性の高い状態であっても適応で
きる管理手法である。

　では，現在，これからのグローバル連結収益管理はOODAループをベース
に管理をしていけばよいのかというとそうではない。第2章の2⑴「不確実性
を考慮した中長期の収益計画作成」にて述べたとおり，積上げ型の細かい収益
計画を作成しPDCAサイクルで管理していくことは，計画や予測に変化が生じ
た場合には，労多くして功少なし，である。ただ，第3章の2⑵「中期経営計
画の策定方法〜将来予測からのバックキャスト」で解説した未来のシナリオか
ら導かれる長期，中期計画を実現するためには，全く計画性なしで進めていく
ことも困難で，ある程度の予測や計画性をもって進めていく必要もある。

　そのため，あるべき管理サイクルは，PDCAサイクルとOODAループのハイ
ブリッド利用であり，使い分けが重要である。基本的にはPDCAサイクルで収
益管理を行っていく。計画どおりに進められる状態であればPDCAサイクルで
問題ない。計画や予測していない事態が起きた時にはOODAループを活用し
管理をしていく。そうした使い分けを行い，変化へ対応し，回復（レジリエン
ス）を図ることで，経営目標やKPIの達成に向け改めて活動していくことが必
要となる。どちらかが良いということでなく両者を上手に使っていくことが重
要であるのと，真にグローバル連結収益管理を行っていく企業に必要なものは，
管理手法が何であるではなく，変化への対応力と回復力（レジリエンス力）で
ある。社会の潮流を見ながら自ら積極的に変化をしていくことが対応力，回復
力の向上につながっていく。今求められるのはそうした力をつけていくことで
ある。

　最後に，改めてOODAループを見ていただきたいが，例えば，やり方がわ
からない時は，周りの様子を見たり人に聞いたり情報を集め，こうやってやる
のかなと仮説を立て，まずはやってみる，ということを実行しないだろうか。
つまり，これがOODAループであり，日常的に読者でも行われていることで
はないだろうか。組織として取り組めている企業は少ないかもしれないが，何

か新しいマネジメント手法と構えることなく，至極当たり前のことを行うだけで決して難しいものではない。

　PDCAサイクルとOODAループをグローバル連結収益管理の中で上手に使い分け管理プロセスを実行していただきたい。

　以上，管理プロセスの定義／実行についての位置づけ（KPI，組織機能，システム／テクノロジーの中心に位置しステップと経営基盤をつなぐ役割がある）を説明し，共通的なテーマである，連結範囲の考え方，収集情報（管理軸）の粒度の整理について，連結単位の考え方，親会社・グループ会社とのコミュニケーションの重要性について見てきた。また，管理プロセスについての3つの検討ポイント，サイクルと連結方法の関係性，PDCAサイクルとOODAループのハイブリッド利用について見てきた。細かい論点は他にもあるものの，以上の主要論点を押さえることができればグローバル連結収益管理の管理プロセスのベースはできあがる。改めてであるが，KPI，組織機能，システム／テクノロジーとのつながり，連携が重要であるので整合性をとることを意識し整理していただきたい。

5　組織機能

　ここまで，経営戦略（全社戦略，事業戦略そして機能戦略）を策定し，また，経営戦略と整合した経営目標や経営計画を設定する。その経営目標／経営計画をさらに組織別や個人別に分解し，組織／個人別の目標として重要業績評価指標（KPI）を現場に根付かせる。さらには，効果的な管理サイクルに基づいた経営管理を実践し，経営戦略／経営計画の継続的な改善に結び付ける，という大きなプロセスを前提として，各プロセス別に論点を整理してきた。

　ここでは，これらのプロセスを支えるための組織機能に関して述べていきたい。

⑴　経営戦略／経営目標の各組織への浸透や各組織の達成をサポートする組織の必要性

①　経営における新しい中核機能の必要性

　上述したグローバル連結収益管理のプロセスは，言うは易く，であるが，現実問題としては難易度が高い。特に経営戦略を理解し，定量的に管理可能な数値目標である重要業績評価指標（KPI）を導き出す点や，各組織の実行結果を適切に評価／考察し，事業戦略やビジネスモデルの見直しといった改善活動に結び付ける，という点においては，経営全般に対する知見が求められる上に，各事業への深い理解も必要となり，かなり高度なスキルを持った人材が要求される。また，事業戦略を実行するためにはIT戦略の策定，人事評価制度等に代表される各種制度設計が必要となるケースも多く，それらを実行する人材も必要になる。従来の日本企業には，経営管理部門，IT部門，マーケティング部門，経理財務部門といったように，部分的にこれらの役割を担う組織が存在していたが，いずれも経営目標を達成するために必要な施策の実行や事業戦略やビジネスモデルの見直しにまで踏み込むことができていなかったと筆者は考えている。経営戦略，特に事業戦略の内容が高度化し，競争優位性を生み出すための施策の難易度が上がっている昨今においては，各事業における経営目標の達成をサポートする，必要に応じてIT戦略や財務戦略を立案し，その戦略の実行までサポートすることのできる人材の配置や組織機能の設置について検討する必要がある。本書では，このような役割を持つ，経営の新しい中核機能を「ボランチオフィス」と呼称する。「ボランチオフィス」という言葉を読者の皆さまは聞き馴れていないと思うので，ここで少しだけ補足したい。ボランチオフィスとは，経営層とフロントオフィス，バックオフィスの巻き込み，財務・非財務情報を仮説に基づき分析し，ビジネス創出等のビジネス戦略に結び付ける役割を担う組織，として定義しており，経営管理全般のかじ取りを行いながら企業の継続的な成長をサポートするために重要な組織機能という位置づけとなる。従来の経営管理部門や経理財務部門に近い役割であるが，経営戦略

からビジネスの企画や戦略の実行，またシステムの構築までの企業の変革プロセスを実行まで踏み込んでそれらのプロセスを実行する役割を担っている点において，従来の経営管理部門や経理財務部門とは異なる組織と考えている。

　なお，資生堂や日本電気では，似たような考え方の組織機能として，FP&A（Financial Planning & Analysis）部門をすでに設置している。また，米国のP&G（プロクター・アンド・ギャンブル）では，ファイナンス部門の担当者が各事業部のビジネスパートナーとして事業の成長をサポートする，という構造がすでに機能している。こういった先行企業の事例も大いに参考にすることができる。本書では，「ボランチオフィス」の必要性やその役割については，後段の章でさらに深く考察をしていきたい。

　また，この「ボランチオフィス」を立ち上げ，その役割を果たすためには，経営視点を持ち，会計・財務，情報分析，IT等のスキルを有した高度な人材をいかに確保するかも考慮する必要があるため，人材要件を定義し，人材ポートフォリオをきちんと整理した上で，人材獲得方針を定めることも重要となる。また，「ボランチオフィス」の人材については，企業が推進する各事業の内容に対する理解も必要となるため，自社内で各事業に対する理解を深めるための人材育成方針についても検討が必要と考えられる。

②　グローバル連結収益管理における経理財務部門の重要性

　さて，では現在グローバル連結収益管理を中心的に担っている組織はどこになるのだろうか。経営企画部門もあれば経理財務部門であることが多いのではないだろうか。特に経営理念から経営戦略・経営目標においては経営企画部門が中心，KPI設定においては，財務的な視点は経理部門，非財務的な視点は経営企画部門，管理プロセスの実行になると実務的には経理部門が担っていることが多い。グローバル連結収益管理を始めたところ，これから本格的に実践していく企業においてはどちらかというと財務数値管理が中心であることから経理部門中心に行われているのではないだろうか。ここでは，主に経理財務部門のグローバル連結収益管理について話をさせていただきたい。なぜなら，会計

戦略においては，経理財務部門が重要な役割を果たすからである。

　「経理」は「経営を管理する」が語源と言われるとおり，経理機能を中心とした経理財務部門が経営の中核として，意思決定者の参謀たる役割を担ってきた。企業の過去と現在の姿を明らかにするために帳簿に向かい，膨大な伝票を処理し，データの正確性検証や集計業務に多大な時間を費やしてきたのである。企業の現状を経理的に明らかにすることは，将来の経営への示唆を得ることや資金調達を行う上で重要な事項であり，経理財務部門に期待される大きな役割の1つであることに異論はないだろう。

　しかしながら，ビジネス環境の変化が激しく，またデジタル技術も日々進化していく中で，今後の経理財務部門に期待される役割は，企業の過去と現在の姿を明らかにすることだけなのだろうか。答えはおそらく否だろう。

　弊社が実施したアンケートでは，「経理・財務部門がデジタル技術の適用を通じて強化すべき機能」という質問に対して，3分の2の方が「経営への情報提供・CEO参謀機能」と回答している。現状の業務を効率化し，速く正しく処理するだけでは，新たに得られたデータから意思決定を変え得るような情報を提供することはできず，今後，「経営・CEOの参謀」という役割を十分に果たせなくなると考えられる。経理財務部門は，財務情報を扱う機能だけではデジタル時代の経営参謀にはなり得ない。

　では，経理財務部門が装備すべき新たな機能とは何なのか。それは，経理財務部門として，ベースとなる経理スキルを活かしつつ，デジタル技術を使いこなした正確なデータ分析，根拠の明確な事業予測や事業投資判断支援などを通じた事業の将来の姿を明らかにする機能である。経理財務部門は，事業の将来の姿を明らかにする機能を担うことにより「経営・CEOの参謀」という役割を果たすことになる。

　日本企業の経理財務部門の多くが，「経営・CEOの参謀」という役割を果たす必要性を感じながらも組織・業務改革が進まない背景には，日本独自の経営企画部門の存在がある。経営戦略・計画・予算編成は経営企画部門が実施し，会社法や金融商品取引法などの各種法制度の要求に基づいて実績を集計するの

が経理財務部門という役割分担が一般的である。結果として，経理財務部門は実績の集計業務に多大な時間を費やし，経営から遠い存在になっている。また，経営企画部門も主体的に経営戦略等を立案するというよりは，経営層と事業部門の意見を調整する役割が強い側面もある。

　つまりは，事業の将来の姿を明らかにする機能が経理財務部門と経営企画部門に分かれており，経理財務部門～経営企画部門の連携，さらには事業部門との連携について課題を認識している企業は多いのではないだろうか。

③　ボランチオフィスとしての経理財務部門

　では，部門間連携の課題にどのように対処していくべきか。日本独自の経営企画部門の存在を前提として，「ボランチ」機能を提案したい。サッカーにボランチという用語があり，「ハンドル」を意味し，チームを「操る」・「操縦する」役割を指す。守備の際には，相手からボールを奪ったり，相手のパスがつながらないように邪魔をしたり，といわゆる『要』のポジションである。一方で攻撃の際には，キーパーやディフェンス陣から回ってきたボールをオフェンス陣にしっかりとつなぎ，チャンスがあれば自らもゴールを狙いに行く，というようなポジションでもある。つまりは，ディフェンス陣（後ろ）とオフェンス陣（前）をしっかりとつなぎ（連携し），攻守の『要』となるポジションがボランチである。

　企業においてこのボランチの役割はどのようになるだろうか。「ボランチ」機能を持った組織を「ボランチオフィス」とここでは言う。ボランチオフィスの位置づけは，企業の形態によって変わってくるが，一般的なイメージを説明する。製造や営業などのフロントオフィスと，経理や人事などのバックオフィスの中間に位置し，独立した組織（もしくはタスクフォース）として，部門横断的にデータドリブンで改革を進める組織機能となる。当然，経営に対しても直接的なレポートラインを持つ。

【ボランチオフィスイメージ】

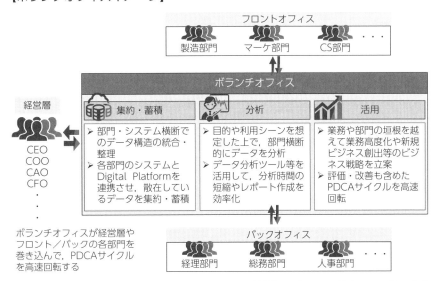

（出所）アビームコンサルティングにて作成

　ボランチオフィスを組成する際には事業側の知見と，バックオフィス側の知見，グローバル連結収益管理を支えるテクノロジー（デジタルソリューション）の知見が必要となるが，この中枢を支える組織が経理財務部門となる。なぜなら，グローバル連結収益管理において重要となる，経営戦略と整合するKPI（管理指標）を設定するためには企業の共通言語である会計をベースとした「会計戦略」を置くことが必要不可欠だからである。この話は第2章において，経営戦略を会計戦略に言い換え，会計戦略に基づいて経営目標，KPIを組み立てることで経営戦略からKPIまで整合性を保ち一貫性を持った企業経営につながるという話をした。まさしく，経営戦略を会計戦略に言い換え会計戦略を立案する役割，会計戦略に基づいて経営目標・KPIを組み立てる役割が，ボランチオフィスの中枢となるべき経理財務部門である。そして，組織として，経営理念や経営戦略・目標の立案を担う経営層や経営企画部門と部門のKPI達成に向けアクションを実行する現場部門とをしっかりとつなぐことができるの

も会社全組織の状況を会計数値で把握できる経理財務部門に他ならないのである。

　また，ボランチオフィスには，データを分析し現場で起きている事象から仮説を立て新たな戦略や施策に紐付く視座を経営層に提言，実行していく機能も求められる。単にKPIから達成度合いを評価するだけのトップダウンの活動ではなく，経営に資する新たな情報を見極め新たな視座を提言するボトムアップの活動も必要となる。これこそ「経営・CEOの参謀」としての機能であり，ここにおいても，経理財務部門が重要な役割となる。計数情報の扱いに長けた人材の宝庫であり，経営を数値で語り，分析結果を客観的に評価できるのもまた経理財務部門だからである。実際にこの機能を動かすために重要なことは次の３つとなり，データの収集や戦略・企画の立案等の一部分のプロセスだけを担うのでなく，ボランチオフィスが一連のプロセスを実行主体として深く関わる必要がある。

● 失敗をおそれずに，スピード感をもって仮説の検討・検証を実践する

　データ分析を通じ，変化の兆候をつかみ，このまま行くとどうなるか。こういった打ち手をとるとどうなるか。あるいは，こんな新たな取組みをしてはどうか。この活動は，OODAループと同様で，仮説の精度ではなく，まずはやってみることを意識して取り組む必要がある。考え込んでいても，新たな視座は生まれない。観察し，仮説を立て，判断し，行動する。失敗をおそれずにスピード感をもって繰り返し実施していくことが重要である。

● 経営に資する情報分析はスモールスタートから

　最初から社内外すべての情報を収集し分析するのではなく，優先順位を付けて，領域を絞り必要な情報の分析からスモールスタートすることが必要。その当たりをつけるためには，各事業や機能とのコミュニケーションをとり現場の声を拾うことが重要となる。現場の気づきや悩みから深掘る，広げる，優先度を下げるなどを決定しながら進めていく必要がある。

● 付加価値向上への人材を配置

　経理財務部門の従来業務である決算・財務報告はビジネス上の競争優位を生

む業務ではない。そのため，既存業務やその改善にのみ人材を配置するのではなく，新たな視座を提言するような付加価値を向上する業務に重点的に人材を配置することの検討が必要である。むしろ，従来の決算・財務報告業務はデジタルテクノロジーを活用し，徹底的に効率化し，グローバル連結収益管理業務へより多く，優秀な人材を配置していくことが求められる。

　なお，ボランチオフィスの中枢が経理財務部門だからといって，これまでディフェンス陣（後ろ）を主に担当してきた経理財務部門が一足飛びにオフェンス陣（前）との連携，攻守の『要』となるのは難しいだろう。まずは，ボランチオフィスをCEO直下の組織として位置づけるなど，縦割りではなく独立した組織としてスタートする。経営企画部門に近い位置づけとして始めるのがよい。

④　ボランチオフィスに必要なスキルセット

　「会計戦略」を立案する，会計共通言語に経営と現場をつなぐ，データを分析し経営層へ新たな視座を提案し実行することがボランチオフィスに求められ，その中枢たる経理財務部門にはどんなスキルが求められるのか見ていきたい。

　なお，少なくとも会計知見，数値を読み解く力はある前提に立っており，それ以外の必要となるスキルについて整理させていただく。

　必要となるスキルセットは大きく3つ挙げられる。

●ビジネスに対する理解力

　会計戦略を立案する，戦略や新たな視座を提言するためには，これまで以上に自社のビジネスに対する理解力が必要となる。各事業や組織の役割と価値創造のプロセスはもちろん，自社の強み，課題の理解も必要となる。収益やコスト，あるいは価値創造プロセスを分解して構造化して整理できる力があると，収益の源泉やコスト低減ポイントが見えてくるようになる。自社の理解ができれば，同じスキルで競合他社や業界に対する理解も深まることとなり，比較やより深い分析から新たな視座の低減につながることとなる。

● コミュニケーション能力

　経営と現場をつなぐ役割，分析から導き出した提言を行い実行する役割から，経営層や関係者へ説明し，周りを巻き込んで動かす力が必要となる。そのためにコミュニケーション能力は重要となる。コミュニケーションは単に伝えることだけではなく，聞くことも重要となる。自分の言いたいことだけではなく，相手が伝えてくることを理解し反応・対応することもコミュニケーション能力の1つである。自ら積極的に経営層，現場層，各事業，機能と会話しそれぞれの立場や考えを理解した上で自身の分析結果，あるいは仮説からの新たな提言を行い実行する必要がある。

● システム（デジタルテクノロジー）の基礎知識

　グローバル連結収益管理を実践していくためには次節で述べる，システム（デジタルテクノロジー）の活用が必要不可欠である。デジタルテクノロジーを活用して，海外のグループ会社から効率的にデータ収集を行う，データを集計・加工するために機械学習やAIを活用する，それらの仕組みをクラウドで構築する。ボランチオフィスもその仕組みづくりの一役を買う場面もあり，そうしたデジタルテクノロジーが見つけたデータ間の相関関係から因果関係を読み解く必要があり，その仕組みを理解していないと正しく読み取ることはできない。昨今のデジタルテクノロジーの多くはユーザーフレンドリーなところもあり，高度な技術ではあるもののわかりやすい作りであったり，SaaS型のサービスも多く理解すべき範囲が限定的でもあったり，過去のシステム構築のようなDB設計やプログラミングまでの知識をもっておく必要はない。基礎的なところを押さえることと先端技術のトレンドを常にウォッチし，自社に積極的に取り入れていく姿勢を持つことが重要である。

　以上，ボランチオフィスの中核を担う経理財務部門に必要となる3つのスキルを見てきた。この他にもあればよいスキルはもちろんあるが，もともと経理財務部門が持つ，財務を中心とした金額・数等の計数情報の扱いに長けた能力や，会社全組織の状況を横串で見てきた経験値（もちろん担当分けはあるだろ

うが）を柔軟な発想をもって活かすことができればボランチオフィスの機能は果たせるので，自信を持っていただきたい。

6　システム／テクノロジー

(1)　グローバル連結収益管理における「攻めのDX」と「守りのDX」

　グローバル連結収益管理における最適な管理サイクルを実現するためには，前述した「ボランチオフィス」の立ち上げに加えて，システム基盤の整備も必要となる。現代においては，様々な場面においてDXの重要性が謳われているが，ここでは，まずDX（デジタルトランスフォーメーション）について簡単におさらいしておきたい。DXとは文字どおり，デジタル技術を活用した「変革」のことである。ここで重要になるのは，「何を」変革するのか，という観点である。現状，多くの企業では，コーポレート機能を中心とした"守りのDX"に取り組んでいることと思う。これらは，業務の効率化や可視化，情報の精度向上を目的としたものであり，既存の業務プロセスを変革するものとして位置づけられる。本書のグローバル連結収益管理の観点においても，例えば，各組織や個人別に策定した重要業績評価指標（KPI）の情報を予算データとしてシステムへインプットし，組織別／個人別の目標数値を企業全体，さらにはグループ全体の数値として統合して管理することができれば，目標管理／予算管理という意味では大きく業務を効率化することができる。また，予算に対する実績数値についても同様にシステム内で管理することにより，様々な粒度で予算に対する実績差異をシステムからレポーティングすることができるようになる。これらは一例でしかないが，このように，グローバル連結収益管理においても，"守りのDX"による業務プロセスの変革は大いに期待することができる。特にグループ会社が多くマニュアルでの情報管理が難しいケースにおいて

は，グループ会社の個別システムをつなぎ合わせて，統合されたデータベース上で情報を一元的に管理することが，スピーディで正確なグローバル連結収益管理の実現のためにも非常に有効になることが考えられる。一方で，"守りのDX"を実現した後のさらなる進化を期待したDXの動きも想定される。多くの企業において，デジタルを活用したビジネスモデル変革や新規事業創出等，いわゆる"攻めのDX"にシフトしていくことが考えられるのである。グローバル連結収益管理における"攻めのDX"とは，経営目標や経営戦略の策定／見直し，といった経営上の意思決定をサポートするためのシステムととらえることができる。AI技術を活用した将来予測の精度向上の実現等については，スピーディかつ確実な経営の意思決定を支援するためのシステム基盤として，不確実性の高い，これからの時代においては，より重要なテーマとなることが考えられる。

⑵　グループ経営管理システムの特徴とポイント

①　グループ経営管理システムとは何か

　ここからは，グローバル連結収益管理を実現するために必要なシステム基盤に関する論点について述べていきたい。グローバル連結収益管理を実現するためのシステムには，自社の企業活動だけではなく，企業グループ全体の数値情報の管理が求められる。こういったニーズに応えるシステムとして，世の中には「グループ経営管理システム」や「連結会計システム」と呼ばれるシステムが存在する。

　これらのシステム（呼称を統一するため本書では「グループ経営管理システム」と呼ぶ）は，一般的に，企業グループを構成する子会社や関係会社の情報を「収集」し，それらの収集された情報を「合算」し，さらに連結会計の作法に従って「連結調整」を実施した上で，その結果を「レポーティング」する機能を有する。

　また，金融商品取引法により開示が求められている連結財務諸表の作成（いわゆる，制度連結）はもちろん，企業グループが主体的に行う管理会計（収益

管理）を目的とした連結財務諸表の作成（いわゆる，管理連結）にも対応している。1つのシステムで予算情報と実績情報の双方を保持することで，予実対比や予実差異分析を実施することができるシステムも多く存在する。

　日本国内のマーケットにおけるグループ経営管理システムのシェアは，株式会社ディーバが開発する「DIVAシステム」と電通国際情報サービス（ISID）が開発する「STRAVIS」が競い合っており，この2つのシステムのシェアが高い状況にある。これは，海外製品に比べて価格が安価である点，また日本の制度に合った機能が充実しており，かつ，操作性にも優れている点が理由として挙げられる。なお，海外ソフトウェアでは，ERP（Enterprise Resource Management）パッケージ領域で高いシェアを誇るSAPやOracleがそれぞれ連結決算に対応したソリューションをリリースしている。これらの海外ソフトウェアは日本国内のソフトウェアに比べ，現時点では機能の充足性，操作性という面において劣る部分もあるが，すでに基幹業務システムにSAPやOracleを採用しているケースにおいては，データ連携やインフラ統合という観点では優位性が出る可能性も高いため，現在導入されている他システムの構成も踏まえて採用するシステムを決定することが望ましい。

②　グループ経営管理システムにおける「データ収集プロセス」の特徴

　ここからは，グループ経営管理システムがカバーするプロセスのカテゴリーごとに，その特徴と導入時のポイントを紹介していきたい。まず初めに，グループ経営管理システムの大きな特徴の1つに「データ収集プロセス」が存在する。グループ経営管理システムでは，企業グループに含まれる，すべての子会社や関連会社からデータを収集する必要があり，この「データ収集プロセス」におけるバリエーションは多彩であることが多い。例えば，総合商社のように世界中に子会社や関係会社が存在する場合には，各社ごとに，導入されているシステム，通信環境，パソコンやモバイル端末等の機器，従業員のITリテラシー，言語，商習慣などが異なる。こういった多様なユーザーを想定した機能がグループ経営管理システムのデータ収集プロセスには求められる。ある

子会社では，システム間で情報を自動連携したほうがよい可能性もあるし，別の子会社ではWEB画面から情報を入力できたほうがよいかもしれない，そうかと思えば，別の子会社ではスプレッドシート等に打ち込んだ情報をメールで親会社へ送付するほうが効率的という可能性もある。デスクトップ型のパソコンを利用するユーザーとタブレット端末を利用するユーザーが存在するかもしれない。日本語の他に英語，中国語，スペイン語を話すユーザーが利用するかもしれない。もちろん，標準化ができる部分は標準化を進めるべきだが，現実問題として，子会社や関連会社との接点となる「データ収集プロセス」においては，ある程度のバリエーションを想定した上で，グループ経営管理システムが提供する機能についても評価する必要がある。

　先ほど，グループ経営管理システムは，制度連結と管理連結に対応しており，かつ，予算情報と実績情報を保持することができる，という点を述べた。そのため，収集すべきデータの種類としては，大きく，①実績情報（制度連結目的），②実績情報（管理連結目的），③予算情報（管理連結目的）の3種類が存在するわけだが，これらのデータを同一のフォーマットで1回のオペレーションで収集するのか，それぞれフォーマットを分けて別々のオペレーションで収集するのか，という点もポイントになる。少し前までは，共通化されたフォーマットで収集した同一データを利用し，制度連結と管理連結をいずれも実施することで，制度連結と管理連結の処理結果の整合性を確保する，という考え方がトレンドであったが，現在は，制度連結と管理連結で収集データのフォーマットやデータ収集プロセスのオペレーション，また物理的なシステム領域を分類させることで，双方が独立した業務プロセスとして実施できるよう設計されるケースも多い。このようにトレンドが変化してきた経緯だが，制度連結と管理連結で管理軸の種類（一般的には管理連結のほうが多い），連結決算処理の精度（一般的には制度連結のほうがより高い精度が求められる），スピード（一般的には管理連結のほうが短期間での実施が求められる）等が異なるため，相互にデータを独立させたほうが柔軟性を確保できる，ということが理由の1つと考えられる。また，制度連結と管理連結のシステム領域を分離させること

により，グループ経営管理システムを新規に導入する際には，制度連結の領域のみ先行して稼働し，管理連結の領域を後から稼働する，といった段階的なアプローチを採用することも可能となり，システム導入時のリスクを低く抑えられる，というメリットも考えられる。以上のようなポイントも考慮しながら，データ収集プロセスで利用するデータ収集用のフォーマットや種類や内容を整理する必要があり，グループ経営管理システム導入時に最も時間をかけて検討するテーマの1つになっている。

【収集データ（例）】

●連結コード情報
　1. 関係会社一覧表
　2. 製品コード一覧表
　3. 通貨コード一覧表
●重要な会計処理基準に関する説明書
●個別財務諸表
　1. 貸借対照表
　2. 損益計算書
　3. キャッシュ・フロー情報
　4. 資本情報
●内部取引情報（個別財務諸表の相手先別勘定科目明細）
　1. 連結会社に対する債権の相手先別・科目別残高
　2. 連結会社に対する債務の相手先別・科目別残高
　3. 連結会社に対する収益の相手先別・科目別明細
　4. 連結会社に対する費用の相手先別・科目別明細
●棚卸資産未実現利益情報
　1. 製品別・科目別在庫明細
　2. 連結会社からの仕入割合
　3. 製品別材料費率明細
　4. 製品別売上総利益率
　5. 期末棚卸資産のうち連結会社購入分の明細

●固定資産未実現利益情報
●セグメント情報
　1. 一般会社向け地域別売上高情報
　2. 一般会社向け受注・受注残高実績
　3. 設備の状況
　4. 従業員の状況
●税効果情報
　1. 税務上の加算・減算項目明細
　2. 課税所得計算・税額計算
　3. 税務上の繰越欠損及び利益予想明細
　4. 繰延税金明細表
●注記情報
　1. 借入金明細
　2. 保証債務及びその他の偶発債務
　3. 担保物件一覧表
　4. 雑収入・雑損失の明細
　5. 前期損益修正明細及び異常項目明細
　6. リース取引情報
　7. 有価証券情報
　8. 退職給付情報
　9. 割引手形・裏書譲渡手形明細
　10. 設備支払手形明細等
会社情報

（出所）アビームコンサルティングにて作成

③　グループ経営管理システムにおける「合算・連結調整プロセス」の特徴

　データ収集プロセスによって，各子会社や関連会社のデータを収集した後，

すべての子会社や関連会社のデータを合算するプロセスが必要となる。このとき，各社ごとに決算時に利用する機能通貨が異なることが想定されるため，親会社の機能通貨に合わせて通貨の換算処理を行う必要がある。また同時に，各社ごとに利用する勘定科目等のコード体系が異なるケースも存在するため，親会社側で利用しているコード，もしくは企業グループ用に定義しているコードに読み替える処理が必要となる。これらの通貨換算やコードの読み替えについても，グループ経営管理システムが提供する機能を利用することで，自動的に実施することが可能となっている。また，株式保有割合が50％を超える子会社については，「連結法」が適用され，子会社側のB/SとP/Lをすべて合算する一方で，株式保有割合が50％未満の関連会社については，原則として「持分法」が適用されるため，関連会社の純資産および損益のうち，持分に応じた金額のみを合算する必要がある。この点についても，グループ経営管理システムには，各社ごとに「子会社」であるか「関連会社」であるかをあらかじめ設定し，かつ「親会社の持分割合」を事前に登録しておくことで，自動的に連結方式（連結法or持分法）を判別し，必要な金額の合算をしてくれる機能も存在する。

　こうして，子会社もしくは関連会社の情報が企業グループ全体としての1つの帳簿に合算されるわけだが，その後，各種の「連結調整」が必要となる。

　企業グループ全体を1つの企業体とみなした場合，親会社側の帳簿と子会社側の帳簿で重複した計上がなされているケースが出てくるため，それらを相殺消去する手続が主な調整内容になってくる。

　次頁の表が主な連結調整の例となる。

　こういった各種連結調整処理は，連結会計の作法としてある程度，決められたルールに従って実施される。詳細については専門書籍が多数存在するため，本書では深い言及は避けるが，本書におけるポイントとして，これらの各種連結調整処理が，制度連結だけでなく，管理連結においても必要になる，という点が挙げられる。

　グループ経営管理システムには，こうした連結調整処理を自動化する機能が備わっており，あらかじめルールを定義しておくことで，システムが必要な連

資本連結	親会社から子会社への投資資本は，親会社側の貸借対照表において「投資有価証券（子会社株式）」として投資サイドに計上がされている一方，子会社側の貸借対照表では「資本金」として資本サイドに数字が計上されている。企業グループ全体を1つの帳簿として考えたときは，投資サイドと資本サイドで重複した表記となるため，投資と資本を相殺する連結調整を行う。
債権債務の相殺	親会社が子会社へ商品の販売を行っている場合，親会社側の貸借対照表には売掛金などの債権，子会社側の貸借対照表には買掛金などの債務が計上される。これらが企業グループ全体の帳簿上は，重複した表記となるため，債権と債務を相殺する連結調整を行う。
損益取引の相殺	債権債務の相殺と同様に親会社が子会社へ商品の販売を行っている場合，親会社側の損益計算書には当取引による売上が，子会社側の損益計算書には仕入が計上される。これらが企業グループ全体の帳簿上は，重複した表記となるため，売上と仕入を相殺する連結調整を行う。
未実現損益の消去	子会社が親会社より仕入れた商品が，子会社側で在庫としてストックされている場合，親会社側の損益計算書には，子会社への販売により生じた利益が計上された状態となっているが，該当の商品は子会社の棚卸資産として計上されている状態であり，外部には売却されていないため，企業グループ全体を1つの企業体としてとらえた場合には，利益が生じた状態にはなっていない。そのため，上述の損益取引の消去に加えて，親会社側の売上原価と子会社側の棚卸資産を相殺する連結調整を行う。

結調整処理を行ってくれるのだが，各社ごとの取引計上方法や計上タイミングの相違により，不整合が生じた場合には，人為的なチェックや補正も必要となる。管理連結では，制度連結と異なり，数値の細かい精度よりはスピードが求められるケースが多いため，こうした人為的なチェックや補正は最小限にとどめることが得策である。そのため，制度連結とは異なり，管理連結では「より簡易的な」連結調整を実施するケースもある。例えば，子会社との取引で発生した親会社側の売上金額と親会社との取引で発生した子会社側の仕入金額が不一致となっている場合，本来は不整合であり，補正が必要になるのだが，管理

連結上は，親会社側に計上されている売上金額を「正」として，相殺消去を行ってしまう，というようなことも採用される。このように，連結調整処理のルールに関しては，制度連結と管理連結で異なるルールを定義することで，最適化を目指すことも重要となってくる。

　ここで，グループ経営管理システムに求められる重要な機能を1つ追加で紹介しておきたい。それは，「サブ連結」に対応した機能である。企業グループに属する子会社や関連会社は，すべての企業が親会社の配下に並列で存在しているとは限らず，子会社の傘下にさらに孫となる会社が存在するケースも考えられる。

【サブ連結の例】

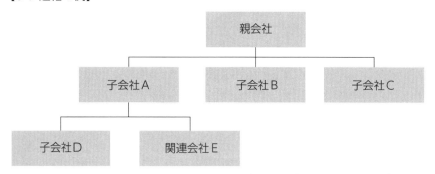

（出所）アビームコンサルティングにて作成

　上記の例では，子会社Dと関連会社Eを統括する子会社Aが，子会社Dと関連会社Eを対象とした連結を行い，その後，親会社が，子会社Aでの連結処理の結果と子会社B，子会社Cを対象とした連結を行う，という流れが想定される。つまり，同一企業グループ内で連結処理が段階的に実施されるのである。このようなケースにおいて，子会社が実施する連結処理（上記の例だと子会社Aが実施する連結処理）は「サブ連結」と呼ばれる。

　企業グループにおけるサブ連結の有無は，各子会社に与えられた責任や権限により決まってくる。上記の例では，子会社Aは子会社Dと関連会社Eの業績

に対して責任を有しているため，子会社Aのサブグループで連結処理を行うことにより，自社が責任を持っている範囲の業績を明確化する，という解釈が成り立つ。例えば，ある特定の地域（例えば北米地域，アジア地域等）の統括を担う子会社が，該当地域に存在する他の子会社や関連会社を束ねているようなケースが該当する。

　逆に，どの子会社も他の子会社や関連会社の業績に対して責任を有していない場合には，親会社の配下に各企業が並列で存在する状態となり，すべての子会社および関連会社の業績が親会社にダイレクトに連結される。このような連結処理は「サブ連結」の対義語として「フラット連結」と呼ばれている。「フラット連結」では，親会社がすべての子会社および関連会社の業績に直接責任を有しているケースと考えることができる。

【フラット連結の例】

（出所）アビームコンサルティングにて作成

　グループ経営管理システムでは，企業グループの戦略として，「サブ連結」を採用しているケースにも「フラット連結」を採用しているケースにも対応することが求められる。また，将来的に業績管理における権限や責任が見直されることも起こり得るため，「サブ連結」から「フラット連結」，もしくは「フラット連結」から「サブ連結」への変更に対応することができるのか，という点も重要になる。グループ経営管理システムを導入する際には，こういった観点についても忘れずに評価した上で，採用する製品を決定する必要がある。

④　グループ経営管理システムにおける「レポーティングプロセス」の特徴
　これまでに説明したプロセスを経ることにより，企業グループ全体としての

帳簿が整うことになるが，作成された数値情報は，最終的にレポートやグラフ等に表現される。これらのアウトプット情報は，全社レベルでの経営目標の達成状況を把握するだけでなく，部門・個人別に設定されたKPIの達成状況を把握するためにも利用される。そのため，あらかじめ定義された様々な管理軸に応じた数値を表示することが求められる。また，すでに経過した期間における実績数値だけでなく，今後の見通しについても把握する必要があるため（例えば，第3四半期終了時点で年度末の着地見通しを把握する等），実績数値と未経過期間の予算数値を組み合わせて年度末の見通し情報を出力する，といったことも求められる。

　さらには，予算策定時のビジネス環境と現在のビジネス環境に大きな変化が生じている場合には，当初予算をなんらかのパラメータを用いて金額補正した上で，見通し情報として集計する，といったことも求められる可能性があり，その場合には，それらを実現するためのシステム機能（シミュレーション機能）も必要となる。

　アウトプットのデザインに関しては，単純な表形式だけでなく，各種グラフやチャート等の表現を組み合わせることで，視覚的に達成状況等を把握することができるデザインが求められる。

　以上のように，レポーティングプロセスでは，システム機能に求められる要件は多岐にわたるが，一般的に，グループ経営管理システムでは，「データ収集プロセス」と「合算・連結調整プロセス」による企業グループ全体としての数値の作り込みに重きが置かれていることが多い。そのため，筆者の経験上，グループ経営管理システムの全体像を構想する際には，経営ダッシュボード，ビジネスインテリジェンス（BI），ビジネスアナリティクス（BA）といったレポーティングに特化したソリューションを組み合わせたシステムランドスケープを描くことが比較的多い。すでに社内で利用されているレポーティングのソリューションが存在する場合には，それらの仕組みに対してデータを連携することで，必要なレポーティングプロセスの要件を効率的に満たせる可能性もあるため，グループ経営管理システムの導入を行う際には，自社で利用され

ているレポーティングのソリューションについても調査を行う必要がある。

⑶　事業構造や組織構造の変化に対応したシステム基盤の検討

　さて，ここまでで，グループ経営管理システムの特徴について述べてきたが，システムに関する重要な論点として，「いかに変化に対応できるシステム」を手に入れることができるか，という点も挙げられる。異常なほど早いスピードでビジネス環境が変化する現代においては，システムが変化についていけず，ビジネスを加速化するために導入しているはずのシステムが逆に足かせになってしまう，といった事態は避けなくてはならない。「事業構造が変わる」「組織構造が変わる」「経営戦略や重要業績評価指標（KPI）が変わる」ということは常に起こり得ることとして想定した上で，その変化に耐え得るシステム基盤を採用する必要がある。具体的には，システムのインフラとして，オンプレミスよりもクラウドを選択したほうが拡張性は高いし，貴社の固有要件をふんだんに盛り込んだスクラッチ型のシステムを構築するよりも，標準化された業務を前提としたパッケージ型のシステムを，可能な限り手を加えずに利用するほうが柔軟性は高いことが多い。また，経営情報をレポーティングするためのシステムや，各種経営情報を収集するためのデータ連携ツール等は，技術者によるソースコードを用いた高度な開発が不要な仕組み（いわゆるコードレス開発の仕組み）も多数存在している。さらに昨今では，基幹システムにも高速開発を可能とするコードレス開発の仕組みが取り入れられることも多い。システムには導入することをゴールに設定するのではなく，導入後のメンテナンスや変更要望の取り込みをいかにスムーズに行うことができるか，という観点も重要視した上で，製品や実現方式の選択をすることが重要になる。

⑷　システムの開発アプローチに関する議論

　最後になるが，システムの開発アプローチについても少し考察を述べたい。前記⑶の「事業構造や組織構造の変化に対応したシステム基盤の検討」における論点と同様の理由になるが，ビジネス環境が目まぐるしく変化する現代にお

いては，システムに求められる要件は常に変化している。また，テクノロジー自体も絶えず進化をしているため，貴社に最適なシステム構成やソリューションは，時間の経過に応じて変化することが想定される。そういった時代背景を踏まえた場合，特にグローバル連結収益管理において利用するシステムは，長い期間をかけて重厚な仕組みを構築するのではなく，なるべく短期間でクイックにシステムを構築し，その後，継続的に改善を繰り返すアプローチを取り入れることが望ましいと考えられる。近年では，システム開発のアプローチとして，「アジャイル開発」というアプローチが主流になりつつある。この「アジャイル開発」は，変化の激しいビジネスニーズに対応するための開発手法として，DXの重要性が叫ばれている現代においては，特に注目されている手法である。従来の「ウォーターフォール型」と呼ばれるアプローチでは，最初にシステム全体の要件をきっちりと固め，そこから設計・開発・テストというプロセスを順次実行するため，システムの利用開始までに相応の期間を要していたが，「アジャイル型」では，重要性の高い機能から短サイクルで開発し，順次，利用を開始する手法がとられるため，システムの必要性が認知されてからシステムを利用開始するまでのリードタイムを短縮することが可能になる。以上のように，DXを実現するために新しいシステムの導入を目指す場合には，採用する開発アプローチとシステム利用開始までのリードタイムについても十分に考慮をしていただきたい。

第**4**章

グローバル連結収益管理の実践

　この章では，グローバル連結収益管理の導入をしたA社とB社の事例を取り上げ，グローバル連結収益管理の業務，システムを構築するために必要な論点やポイントを紹介する。それぞれの企業が持つ課題認識やありたい姿からどのようにグローバル連結収益管理のベストプラクティスを実践していったかについて述べていく。

1　A社の事例

(1)　A社概要

　A社は数年のプロジェクト期間を経て，グローバル連結収益管理の業務およびシステム基盤を構築した。A社がどういった課題を持ち，その課題に対してどのようにアプローチして，解決していったのかを中心に紹介する。

①　A社のプロフィール
　A社は日本にヘッドクォーターを置くメーカーで多角経営企業である。世界各国に連結子会社，持分法適用会社の合計で約300社が存在している。従業員はA社単体で3万人，連結子会社と持分法適用会社の従業員をあわせると15万人の規模の会社である。A社単体は機能別組織を採用しており，組織は大きく研究開発，製造，販売，コーポレートと分かれる。その中で，グローバル連結収益管理を担当しているのはコーポレートの経理部であり，A社単体の決算処理，連結の決算処理に加えて，A社単体の収益管理および連結の収益管理を担当している。

②　A社が抱えていた課題
　A社は，市場の激しいニーズの変動や，ビジネスモデルの変化など，様々な環境変化に対応する必要性とグローバル化の拡大に伴い，グループ会社から迅

速で正確な情報収集を行い，収益管理の強化の必要性を感じていた。その一方で，現状はグループ会社からの実績情報の集約や分析に時間がかかり，将来に向けた企画・検討業務に従業員の工数をなかなか投入できておらず，今後の外部環境に対応するための検討ができていない状況でもあった。

　制度連結の関連業務は連結会計パッケージシステム上で実施されているのに対し，A社の単体収益管理および連結収益管理は一部のレポートを除き，ほぼすべてスプレッドシートで実施していたため，実績データの収集や集約，分析に多くの時間がかかっていた状況である。特に，四半期決算の時期は，個社の実績確定日から役員報告会まで数日という少ないリードタイムの中でA社単体の実績，見通しレポート作成に加えて，国内とグローバルの全子会社の決算情報を収集し分析する必要があった。さらには，一部のグループ会社に対しては決算結果の要因分析，そこからグループ会社への要因・アクションプランの問い合わせ，最終的には親会社としてのグループ連結レポートを作成するといった膨大な作業に多くの工数がかかっていた。それゆえに，決算期になると土日を返上して出社する経理メンバーも少なくない状況であった。

　また，KPIに対する分析軸のコード値やコードの粒度が経理部内で統一されておらず，経理部配下のそれぞれの組織（以下「グループ」という）が，独自の製品コードや事業コードを使いレポートを作成するという状態でもあった。

　加えて，収益管理を実施する上でKPIの算出式も経理部で統一されておらず，同じ名称の指標でも組織間で算出式が異なり，経理部内で同じ名称のKPIだがグループごとに異なる数値を保持していたのである。例えば，将来見通しの事業別損益表は，単体の制度会計を担当するグループと単体・連結の収益管理を担当するグループがそれぞれ作成していて，同じ目的のレポートを複数の担当グループが異なるロジックで算出して二重に業務が発生していた状態であった。

　このようにA社経理部の単体および連結の収益管理業務は，指標の算出式やその分析軸が標準化されていない状況であった。一方で，各グループはそれぞれの考え方，方針の違いを認識できておらず，それぞれに業務を進めていた。また業務の大半をスプレッドシートで行っており，情報収集，集約までに多く

の工数がかかっていたことから，将来に向けた企画・検討業務になかなか工数を投下することができていなかった。

　こうした課題を解決するためにA社は実績収集・集約・分析中心の業務から，計画策定やリスクマネジメント等，将来予測に力点を置いた業務へシフトし，経理部メンバーが能動的に動けるような経理機能を構築するという方針を立て，経理機能業務とシステムを刷新するためのプロジェクトを立ち上げた。

⑵　A社プロジェクト概要

①　プロジェクト概要

　A社のプロジェクトは会計領域だけではなく，購買や生産，販売の領域をスコープにしたビッグバンプロジェクト。プロジェクトのテーマは「業務の標準化を行い，品質と生産性を向上させる（高度化・効率化）」ことである。また，本プロジェクトに並行して，グローバルの他拠点もプロジェクトを立ち上げ，A社ヘッドクォーターの連結制度会計および管理会計要件を他拠点のプロジェクトに伝達しながら同時並行で進めた。それでは，A社が設定したグローバル連結収益管理の狙いをもう少し細かく見ていきたい。

②　グローバル連結収益管理の5つの狙い

> ⅰ．KPI要件の見直し
> ⅱ．PDCAサイクルの月次化
> ⅲ．収益管理業務の効率化・標準化
> ⅳ．製品コードの統一
> ⅵ．短期計画・中期計画の連動

ⅰ．KPI要件の見直し

> ・製品別の損益情報，KPIを収集・分析する
> ・グループ会社間の取引による販売・仕入価格を整合させる
> ・為替影響による営業利益インパクトを予測する
> ・KPIごとに構成要素の変動要因を分析する

● 製品別の損益情報，KPIを収集・分析する

　A社は四半期ごとにグループ会社から損益情報やKPIをスプレッドシートおよび連結会計システムの一部の機能を使って収集していたが，製品別粒度までは収集していなかったため，グローバルレベルでの製品別損益分析やKPIの分析ができていなかった。

　全グループ会社から一律で製品別損益情報・KPIを収集するのは，現実的でなく実現性が低いため，A社グループの主要事業を担っており，売上規模が大きいグループ会社に絞り，その会社から製品別に収集するようにした。経理部が収集した製品ごとの売上高・営業利益の変動要因を明らかにし，製品別の施策を立てるための議論・提案を行うことができる状態にする。それにより納得感のある見通しや施策を設定することができる効果を見込んだ。

● グループ会社間の取引による販売・仕入価格を整合させる

　A社のKPIに「得意先への販売価格を変更する（変更した）ことによる営業利益への影響」，「仕入先からの仕入価格を変更する（変更した）ことによる営業利益への影響」を測定する指標がある。

　国内・グローバルの各グループ会社から価格変更影響の指標を得意先・仕入先別の内訳で収集していなかったため，グループ会社間の取引の整合性を確認できなかった。

　今後，グループ会社から得意先別の販売価格変更による営業利益への影響額や仕入先別の仕入価格変更による営業利益への影響額を収集することで，グループ内取引の精査が可能になり，グループ会社から収集する情報の確からし

さ・会社間の整合性を検証することができる状態となる。その結果，各社の価格改定が整合していない場合は，その差異を特定し，前提となる数字を揃えるようグループ会社に働きかけることが可能となり，A社グループの見通しKPIの精度向上を狙った。

● 為替影響による営業利益インパクトを予測する

A社のKPIに「外貨建の収入及び支出に係る為替変動による営業利益への影響」を測定する指標がある。計算式は，外貨売上額×（当期為替平均レート − 前期為替平均レート），外貨仕入額×（当期為替平均レート − 前期為替平均レート）といったものだ。

A社単体では上記を算出するためのデータ取得および算出，分析はできていたが，グループ会社からは収集していなかった。一方，別の目的で地域別の外貨別輸出取引額情報を取得していたり，一部のグループ会社からは為替変動影響額を取得していたりしたが，その内訳がわからない等と網羅的に為替変動の影響を把握することが難しかった。

今後，経理部はグループ会社から円貨額のみならず，外貨額および換算レートを取得することにより，レートが変更した場合の外貨別取引額の影響をとらえることができる。また為替変動影響の要因を分析し，その結果，為替変動影響による営業利益値シミュレーション，リスク評価をできる状態を目指した。

● KPIごとに構成要素の変動要因を分析する

A社のKPIは複数の構成要素を四則演算して算出する。

親会社であるA社は，ほとんどのグループ会社から計算根拠となる構成要素（例えば単価×数量など）は収集せず，計算結果（以下「面積値」という）のみを取得していたため，計算根拠がわからず変動の要因分析ができていない状況であった。また，構成要素を取得していないため，為替レートや販売数量が変動した場合の売上高，営業利益への影響を把握できず，将来予測のためのシミュレーションが難しい状況だった。

今後，グループ会社から分析項目の面積値および構成要素を取得することにより，KPIの内訳を把握し，要因分析を実現可能にする。また，為替レート，

販売数量が変動した場合の売上高，営業利益への影響額のシミュレーションが
可能になり，実績・予測値の分析の精度向上を狙った。

　ⅱ．PDCAサイクルの月次化

　A社は四半期決算のタイミングで，収益管理の実績分析および年度見通し作
成を実施していたが，予算と実績の乖離を検知し，施策の検討・実行を行うサ
イクルが3か月単位になっており，刻々と進む環境変化をとらえることが難し
いという問題意識を持っていた。そのため，今後，月次で実績分析および見通
しを作成し，PDCAサイクルを迅速化させることでスピーディに環境変化に適
応できるプロセス，サイクルの構築を目指した。

　ⅲ．収益管理業務の効率化・標準化

・経理部内の業務プロセス・レポート統合
・業務プロセスのシステム化

● 経理部内の業務プロセス・レポート統合

　経理部内の複数のグループが各々で，損益表・KPIの分析を目的とした情報
収集・加工・作成を行っている。また，グループ間で損益表やKPIの科目が異
なる箇所があり，同じKPIでも計算式が異なるケースがあった。また，経理部
のグループがそれぞれで情報収集を行っており，情報提出元のグループ会社に
とっては，同じような情報を複数回，本社の経理部へ提出するという状況だっ
た。

　今後，損益表・KPI分析を目的としたレポートの統一を行い，経理部内各グ
ループで同じKPI，分析軸のレポートを利用し，また各部署，各グループ会社
からの情報収集も統合された入力画面を利用し収集プロセスの一本化を図った。

● 業務プロセスのシステム化

　既存の業務では収益管理業務に関わる情報収集および集約は手作業で実施し
ており，業績予測のシミュレーションもまた，スプレッドシートを利用した手

作業で行っていた。

　今後は，各部署，国内・グローバルの連結グループ会社からデータ収集をシステムで行うことで，収集や集約に係る工数削減を目指した。

ⅳ．製品コードの統一

　A社経理部内の各部署で別々の製品コードを利用しており，経理部内における製品コードに関する共通言語がない状態であった。そのため，製品レポートの粒度にグループ間でバラツキがあった。また，グループ会社もそれぞれの製品コードを利用し，そのコードをもって親会社であるA社の経理へ報告していたため，連結視点での製品別の数字を算出する際はコード変換を行う必要があり，工数が大きくかかっている状況だった。

　今後，グループ会社を含めた範囲で統一した製品コードを定義し，利用し，経理部内の共通言語を醸成することによって，A社各部署・各グループ会社と同じ目線で情報共有・コミュニケーションが可能になる。また，製品コード変換が不要になり，それに要していた時間を省くことを目指した。

ⅴ．短期計画・中期（3年）計画の連動

　向こう3年間の中期計画を実現するためには，直近1年間をターゲットにしている短期計画への落とし込みが必要である。また，期がスタートすると実績が積み上がってくるため，その実績データと短期計画の比較，紐付けが必要になる。さらに短期計画と実績の差が発生した場合は計画の修正を行い，見通しを策定する。このように中期計画を確実に実行するためには中期計画，短期計画，実績，見通し，これら4点とのマッピング，紐付けが必要になる。

　A社は，中期計画と短期計画でKPIの紐付けに曖昧な箇所があったため，上記4点レポートの対応関係がとれていなかった。

　そのため，短期計画・中期計画のそれぞれのKPI，分析軸の対応関係を明確にし，実績，見通し情報から中期計画の進捗が確認でき，次期中期計画を策定する際のインプットとしてフィードバックを行うことで，中期計画の精度向上を狙った。

⑶　プロジェクトのタスクとアプローチ

　先述のとおり，A社のプロジェクトは業務とシステム改革プロジェクト（以下「Xプロジェクト」という）である。これからこのXプロジェクトで実施した主要なタスクを紹介していく。なお，Xプロジェクトはウォーターフォールモデルをベースとしたプロジェクトである。本書では構想策定〜要件定義フェーズの内容に該当する部分を中心にXプロジェクトの実施事項を紹介したい。

①　タスクとアプローチ概要
　A社Xプロジェクトでは，大きく3つのステップで検討を行った。

- 狙い・施策の検討
- As-Is業務・システム調査
- To-Be要件定義

【タスク・アプローチ概要】

狙い・施策の検討	As-Is業務・システム調査	To-Be要件定義
プロジェクトの狙いを実現するために，現状の問題点とその原因，それらを解消するための実施事項を検討した。	現行業務のレポート，それを出力するための処理，そのためのインプット情報という3つの観点で整理を行った。	将来の収益管理業務・システムのあるべき姿をKPI，レポート，業務プロセス，データフローに落とした。

（出所）アビームコンサルティングにて作成

次にそれぞれの検討の内容やポイントを紹介していく。

②　狙い・施策の検討

前述の「グローバル連結収益管理の5つの狙い」を実現するための施策，それを実行することで発生する業務・システム上の変化点とその効果を検討した。ここで検討・決定した内容が後続タスクの重要な指針になる。そのため，この段階で腰を据えて各狙いに対してしっかり検討すべきである。また，検討した内容をプロジェクトオーナーからユーザーまですべてのステークホルダーに浸透させることがプロジェクトの成功要因となる。狙い・施策の検討のポイントについて説明していく。

ⅰ．トップダウン型／ボトムアップ型の狙い・施策の検討方法

狙い・施策の検討方法として，経営層やプロジェクトオーナー等のトップの意思を込めて末端組織まで落として進めるトップダウンアプローチ，エンドユーザーや現場からの意見・要望を吸い上げてボトムアップ型で進めるボトムアップアプローチ，トップダウン型とボトムアップ型をミックスさせるミックス型の大きく3つのやり方がある。

A社の場合は，A社内や国内グループ会社に対してはトップダウン型で進め，グローバルの主要グループ会社に対してはボトムアップ型で進めた。親会社のA社経理部に強い意思があり，それをA社内や国内グループ会社，海外の主要グループ会社以外の小規模な会社に浸透させた。一方で，海外の主要会社に対しては，プロジェクトの目的と狙いと親会社が収集したいデータ要件という最低限の内容を伝え，それ以外の部分は個社の判断に委ねた。

本プロジェクトのユニークな点は，北米や欧州，アジアの主要グループ会社が親会社であるA社とほぼ同時進行でプロジェクトを進行させたことだ。

他社の事例として，海外のグループ会社を含めた業務・システム改革プロジェクトを進めるケースでは，最初に親会社で新しい業務とシステム構築を進め，それをグループ会社へ順々に展開するケースや，グループ会社十数社に試験的に導入し，その結果を踏まえて他のグループ会社や地域に導入するような

ケースが少なくない。一方A社の場合は，プロジェクトの目的と狙いと親会社が収集したいデータさえ日本へ連携できればよかったため，それ以外の部分はそれぞれの個社の判断に委ねたのである。

海外の主要会社はそれぞれの地域の業績に責任を負っており，親会社は主要グループ会社にその責任を実行するために必要な裁量を与えている。そのため，親会社としての最低限の要件・要求を受け入れてくれれば，それ以外の部分に関してはそれぞれの主要グループ会社の判断に一任したのである。さらに発言力の強い一部の主要グループ会社は，本社の要件・要求に対して意見や要求の変更提案をしてきたことがあった。ここでもA社のユニークな点は，親会社としてトップダウンのスタンスを取りながらも，グループ会社からの意見はフラットに聞き，さらにグループ会社の意見や提案が合理的な場合は積極的に取り入れ，施策の見直しを厭わず行ったことだった。

一方，国内のグループ会社に対しては，A社が定義した実施事項の大部分を適用し，A社で導入したテンプレート展開方式をとった。このようにグループ会社の責任・権限の状況によって狙い・施策の検討方法を変えたのである。

ⅱ．As-Isアプローチ／To-Beアプローチの狙い・施策の検討方法

プロジェクトの施策・実施事項を決める際に「As-Isアプローチ」，「To-Beアプローチ」，「As-Is＆To-Beミックスアプローチ」のどれを採用するか決めることも大切だ。As-Isアプローチは，As-Is業務・システム要件を踏襲する形で進めるやり方で，To-Beアプローチはあるべき業務・システムの絵姿を描きその絵を実現するためにプロジェクトを進めるやり方である。To-Beアプローチはパッケージソフトを導入する際によく採用されるやり方でパッケージの元となっているベストプラクティス業務プロセス，システム機能に合わせるというものだ。3つ目のミックスアプローチはAs-Is業務・機能をベースとして，改善点や新規業務・機能を取り込んでいくやり方で，As-Is業務が土台となっているが，As-Is業務・システムの保証はしないという違いがある。

A社経理部はAs-Is業務に多くの課題を抱えている一方，180度異なった方針転換をすると現場がついてこない懸念もあったため，As-Is&To-Beミックスア

プローチを選択した。

　少し話が脱線するが，最近いくつか業績管理や収益管理業務に特化したクラウドのSaaS型ソリューションが世に出てきている。SaaS型ソリューションは従来のオンプレミスのソリューションと比較すると，導入のコストを抑え，短期間でスピーディに利用開始ができるという特徴がある。そのため，As-Is業務ベースでソリューションを短期間で構築し，できあがったシステム現物を使いながら，改善や改革のポイントを探し，どこかのタイミングでAs-Isベースで作ったものを捨てて，To-Be業務ベースの機能を構築する，という進め方も最近出てきている。スピーディに実際のソリューションを見ることができ，実機を操作することができるという点が大きな特徴である。オンプレミスのソリューションケースはウォーターフォール型でドキュメントベースでの要件検討をするケースが多く，なかなか紙面だけだとシステムの完成形の具体的なイメージをもって検討を進めることが難しい。また，ユーザーが実際のシステムに触れるタイミングは，プロジェクトの終盤にやってきて，そこで「イメージと異なる」や「要件・要求どおりにできていない」とコメントをもらうことがある。このSaaS型ソリューションのアプローチは，現行の業務やシステム機能・データをソリューションに早期に反映させることで，追加・変更の要求・要件課題を早く検知することができ，また要件定義書や設計書ではなく，実機を見ることで要件と実機のGapをより明確に検知することができる。収益管理の領域は制度会計と比較すると，業務内容，レポート内容が外部環境，内部環境の変化に応じて見直す必要があるという特性を持つ。そのため，従来多く採用されてきたドキュメントベースの検討を行い，ソリューション開発を行うと大規模プロジェクトの場合，実際のユーザーが実機に触れるまでの期間は要件や設計が確定してから約半年〜1年くらいかかるケースが少なくない。また，その頃には新しいKPIが追加されていたり，KPIの計算式が見直されていたりすることもあるため，よりクイックに業務設計・システム構築を行い，ユーザーが早い段階で実機に触れられる状態にするということも重要である。そういった側面からみると，このSaaS型ソリューションを活用した，As-Isアプ

ローチは効果的である。

　ⅲ．狙い・施策の検討方法（プロジェクト専任組織の発足）

　ここまででA社の本プロジェクトの狙い・施策はトップダウン型とAs-Is&To-Beミックスアプローチで検討・決定した。この検討をリードしたのはA社経理部の業革チームである。当プロジェクトはA社経理部主導であり，A社経理部は現場ユーザーから独立した立場で自由な発想をプロジェクトに組み入れ，プロジェクトの初めから終わりまでプロジェクトタスクに集中させるために専任組織（以下「業革チーム」という）を立ち上げた。業革チームは経理部100名〜150名に対して，10名程度の組織で経理部長級のリーダーを筆頭に，このプロジェクト稼働後にユーザーをリードすることや次期プロジェクトの指揮を期待されていたことから，10年程度経理業務経験を経たメンバーで構成されていた。役割・ミッションはプロジェクトにおけるユーザー，業務側タスクのリードや調整役である。具体的にはプロジェクト決定事項をA社経理部およびグループ会社の実務ユーザーへ説明すること，プロジェクト課題が発生すると実務ユーザーを巻き込んで調整することだ。このチームがテーマを基に狙い・実施事項を検討，決定した。

　ⅳ．狙い・施策の浸透方法

　この狙い・実施事項をステークホルダーと合意することおよび共通認識を醸成することが非常に大事になる。

　先述のとおり，本プロジェクトはAs-Is踏襲，現行保証型ではなく，As-Is業務・システムから多くの変化点が盛り込まれた内容になっている。そのため，新しい業務・システムを適切に理解して，安定的な運用を迎えるためには，ユーザーとなるA社内およびA社グループ会社の理解が必須となる。

　本プロジェクトはA社単体だけではなく，海外の連結グループ会社約300社が対象になり，このフェーズでステークホルダーとプロジェクト，親会社と同じ目線になること，同じ課題意識を持つことが重要だ。なぜなら，プロジェクトを安定的に期日内に稼働するためには，品質を担保したシステムを構築することはもちろん，ユーザー側でそのシステムを利用して業務が回るかの受け入

れテストや稼働後業務をスムーズに回すための業務調整（規程・マニュアル整備），新業務・システムの習熟とやらなくてはならないタスクが多くあるためだ。それらをA社単体のユーザーとA社の約300社のグループ会社のユーザーに実施してもらうためには，早い段階で，ユーザーにプロジェクトテーマや方針を理解してもらい，関与する体制・工数を確保してもらう必要があった。

　プロジェクトの決定事項や各社への依頼事項は業革チームからグループ会社に対して，社内Portal上の掲示，メール，打ち合わせを使い展開した。主要なグループ会社に対しては，定期的にビデオ会議を設定して綿密なやりとりをし，それ以外の多くの会社はPortal上の掲示とメールを使いコミュニケーションをとった。主要グループ会社の中で発言力のあるグループ会社は，親会社のデータ要件の背景・理由，「親会社はグループ会社から，何のためにその情報がほしいのか」を腹落ちするまで親会社へ質問し，業革チームおよびプロジェクトメンバーはそのグループ会社が納得するまで説明を繰り返した。プロジェクトの方針や施策，実施事項をグループ会社に伝える際は，方針・実施事項の裏にある合理的な理由およびそれらを論理的に説明することが求められた。一方で業革チームから説明を行っても，何の質問も反発もない会社があったが，稼働直前になって業革チームから再度同じ説明や調整を必要としたケースがあった。当時を振り返るとその背景として，「業革チームから説明をしているが相手が理解していなかった」，「自分ごとと認識していなかった」，「親会社からの通知は稼働前までの期間で変更になるとたかをくくっていた」といったことが考えられる。このケースから説明の合理性，論理性だけではなく，相手の感情やモチベーションに訴えかける手法も取り入れることが重要ということがわかる。グループ会社の役員層へエスカレーションして，役員層からグループ会社プロジェクトメンバーへ落としてもらう等，戦略的に物事をスムーズに進める方法が重要だ。

　A社内の合意形成および共通認識の醸成もメールや打ち合わせを使いながら行っていたが，グループ会社とのコミュニケーションと少し状況が異なった。業革チームから実務部隊であるA社経理部メンバーへ周知を行ったが，実務メ

ンバーの当事者意識の醸成に時間がかかり，合意形成まで時間がかかった。経
理部メンバーは「自分たちの仕事の課題は自分たちが一番よく知っている。プ
ロジェクト専任チームおよび経理部長が主導して作った狙い，実施事項は同意
できない」という理由で合意形成まで時間がかかった。そういう状況を打破す
るために，週1，2時間定期的に業革チームと実務メンバーがお互いの意見・
考えを交換する場を設定し，双方の理解を深め実務メンバーの当事者意識を醸
成していった。

【狙い・施策・イメージ】

テーマ	施策	変化点まとめ	効果まとめ
高度化	KPI要件の見直し	現）製品別で数字を収集・分析できていない。 新）主要子会社から， 　　KPIおよびその構成要素を製品別に収集し， 　　製品ごとの売上高・営業利益への影響を明らかにする。	収益管理業務の品質向上 製品別の損益情報の精度向上することで，製品別の施策の議論・提案を行うことができる。
…	…	…	…

（出所）アビームコンサルティングにて作成

③　As-Is業務・システム調査

　As-Is業務のアウトプット，それを出力するためのプロセス・処理，そのた
めのインプット，3つの観点で整理を行った。アプローチ，タスク順序は，ア
ウトプット（レポートや出力画面）の分析，それらのデータを作成するための
処理の分析，その処理をするために必要なインプット（インターフェースデー
タ，画面入力データ）の分析といった流れだ。

　ⅰ．As-Isレポート調査

　現行のどの業務でどのアウトプット，レポートを使用しているのか。何の数
値をどんな切り口で見ているのかをとらえる調査である。

●依頼文書には，収集範囲と収集したいレポートを明確に記載する

　現場ユーザーが現行で利用しているレポートやシステム出力画面を収集する
ところから始めた。

　収益管理の定義および範囲をしっかり定めて，それに関連する資料を収集す

【As-Is業務・システム調査】

現行レポートの利用目的，KPI，切り口をとらえた。

現行のKPIの数式，計算の構成要素，構成要素の取得元システム等を調査した。

業務のインプット，プロセス，アウトプットを表現したフローを整理した。

（出所）アビームコンサルティングにて作成

ることが大切だ。定義や範囲を決めていないと，収益管理という言葉は人によってとらえ方が異なり，「収益管理のレポートをください」となると本来ほしい物だけでなく余計な物が含まれたレポートが収集され，後続タスクの工数ボリュームが増える懸念がある。そのため，収益管理という定義づけが必要である。また，収益管理業務の定義，範囲を決める際には，現物，実際のレポートイメージを作成するとさらに明確になる。A社の場合は，収益管理とは「損益表と（現行の）収益管理KPIレポート，その予算と実績」と定義し，実際のアウトプットイメージをプロジェクト内で明確にして進めた。

● 何の数字を何別で見ているのかを把握する

　このタスクの目的は，先述のとおり「何の数値をどんな切り口で見ているのか」を把握することである。収集した情報を数値と切り口で整理することが大切だ。損益表の場合，売上～営業利益まで組織別，地域別で見ている。売上～限界利益までは製品別で見ている等，レポートごとにポイントを整理する。

● わからない用語は見落とさない。会社独自の用語の理解を深める

　収益管理のレポートは，社内・内部の意思決定目的で作成，運用されているケースが多い。そのため，レポートにはその会社もしくは部署固有の用語，言葉が頻出するケースがある。数値や切り口を整理すると，他では聞いたことのない数値項目，切り口が出てくるものである。現行を理解するためにこのタイミングで用語・言葉の定義の確認およびその共通認識の醸成が必要になる。

● レポート間の関連性とレポートごとの重要度を理解する

　レポートには順序がある。業務プロセスに基づく利用順序。データが流れる順序。つまり，レポートには親子関係，依存関係がありそれを整理することで，最終的に見たいレポートとそれを作成するためのレポート，いわゆるワークシート，中間レポートが見えてくる。ここで大切なのは，最終的に見たいレポート（以下「最終レポート」という）に抜け漏れ，間違いがないかということと，中間レポートは何の目的で利用しているのか，最終レポートしかない場合に何が困るのかという点だ。目的もなく「昔から作っているから」「前任者が見ていたから」という理由で作成し続けているレポートが存在している事例は多くの企業で散見される。A社も収益管理用の損益表の1つを，システムを利用して作成していて，最終レポートの他，中間レポートを多く作成していた。担当者にヒアリングすると，いくつかある損益表作成処理のステップごとにレポートを作っているが，As-Is業務で実質ほとんど見ていないということがわかった。このようにレポートの依存関係，親子関係と重要度を付すことにより，プロジェクトとして力を入れるべきポイントが明確になる。

ⅱ．As-Is　KPI数式・取得元調査

　数値と切り口とそれらの重要度が明確になり，力点を入れる数値・切り口（レポート）が見えたら，次にその数値がどのように作成されているかを整理する。具体的には，その数値を出すための数式および数式を構成する要素，さらにその構成要素の取得元を明確にする。製品別売上見通しという数値項目であれば，製品別販売数量見通し×前月末時点の製品別単価を明確にした後に，製品別販売数量見通し，前月末時点の製品別単価のそれぞれの構成要素がどこ

【As-Isレポート調査】

事業別PL

	事業A	事業B	事業C	事業D	事業E
販売台数(台)	99,999	99,999	99,999	99,999	99,999
売上	99,999	99,999	99,999	99,999	99,999
本体売上	99,999	99,999	99,999	99,999	99,999
その他売上	99,999	99,999	99,999	99,999	99,999
XXXX	99,999	99,999	99,999	99,999	99,999
変動費	99,999	99,999	99,999	99,999	99,999
変動原価	99,999	99,999	99,999	99,999	99,999
直接材料費	99,999	99,999	99,999	99,999	99,999
XXXX	99,999	99,999	99,999	99,999	99,999
変動販売費	99,999	99,999	99,999	99,999	99,999
XXXX	99,999	99,999	99,999	99,999	99,999
XXXX	99,999	99,999	99,999	99,999	99,999
限界利益	99,999	99,999	99,999	99,999	99,999
固定費	99,999	99,999	99,999	99,999	99,999
人件費	99,999	99,999	99,999	99,999	99,999
減価償却費	99,999	99,999	99,999	99,999	99,999
XXXX	99,999	99,999	99,999	99,999	99,999
XXXX	99,999	99,999	99,999	99,999	99,999
XXXX	99,999	99,999	99,999	99,999	99,999
XXXX	99,999	99,999	99,999	99,999	99,999
XXXX	99,999	99,999	99,999	99,999	99,999
XXXX	99,999	99,999	99,999	99,999	99,999
営業利益	99,999	99,999	99,999	99,999	99,999
売上総利益	99,999	99,999	99,999	99,999	99,999

（出所）アビームコンサルティングにて作成

から，誰から取得しているのかを整理するものである。具体的には製品別販売数量見通しの場合，「経理が営業部から取得している」「経理が営業管理システムからレポートをダウンロードしている」等といったものになる。

● ブラックボックス化している場合，早期に実務ユーザーを巻き込む

　レポートは，システムで作成・出力するケースと，Excel等のスプレッドシートを使って手で作成しているケースと大きく2種類に分かれる。システムで作成・出力しているケースは，たいていの場合，そのシステムの要件定義書や仕様書が存在しているケースが多いので，それらを収集し数式・構成要素・データの取得元の整理を進めることができる。一方，手で作成しているケース

は，業務マニュアルや手順書等レポート作成手順が記載しているドキュメントを入手することができればある程度整理を進めることができるが，それらがない場合は，スプレッドシートの数式を事前にもらって不明点を担当者へヒアリングする等，担当者に聞かないと進められない状況になる。そのようなケースは，担当者へ整理フォーマットを渡し，担当者自らそのフォーマットに数式・構成要素・取得元を埋めてもらうことも有効になってくる。ただこれらの作業は，物量が多いと工数がそれなりにかかるため，実業務を抱えている担当者が対応するには工数，スケジュール観点で難しくなるケースも少なくない。そのため，プロジェクトでは事前に分析対象レポートの洗い出しと，そのレポートがシステムで作成されているものなのか，マニュアルで作成されているものなのか，手で作成されているレポートのうち作業手順書があるか否かの見極めを行い，なるべく早めに実務担当者の工数，スケジュールの調整・確保が重要である。また，システムで出力されているレポートも設計書の記述が更新されていない，具体的に書かれていない，といったケースがあるため，その場合も実務ユーザーへヒアリングが必要となる。

　最後に取得元システム，部署，情報が明確になったら，それぞれのレポートのインプットデータのレイアウトを収集，取得し，論理的に取得元として正しいかという観点の検証を実施する。

【As-ls　KPI数式・取得元調査　イメージ】

分類	詳細レベル	分析の狙い/調整内容	算出方法			取得元 (システム)	取得元 (組織・グループ)
			算出式	計算要素 (構成要素)			
為替変動	為替変動	■為替レートの変動による○○群への影響算出	A群	−	為替変動影響額	スプレッドシート	経理部 XXグループ
				A	○為替換出入及び月差益（仕分先不明）	スプレッドシート	経理部 XXグループ
				B	為替レート差	スプレッドシート	経理部 XXグループ
XXX	XXX	XXXX	A群	−	XXXX	XXX	XXX
				A	XXX	XXX	XXX
				B	XXX	XXX	XXX

（出所）アビームコンサルティングにて作成

ⅲ．As-Is業務・データフロー調査

　レポートの依存関係，レポートを作成するための構成要素とその取得元（部署・システム）が明確になったら，業務のインプット，プロセス，アウトプットを表現したフローを整理する。

　この作業のインプットになるものは，このタスクの前工程で整理してきた情報と現行の業務スケジュールとシステム処理スケジュールがわかるドキュメントである。前工程タスクで何のレポートを誰がどこから情報を入手してどのように作成しているのかを整理する。最後に「いつ（スケジュール）」の情報を入れ，業務のインプット～プロセス～アウトプット全体の流れがわかる，全体感が俯瞰できるドキュメントを作成する。

【As-ls業務・データフロー調査　イメージ】

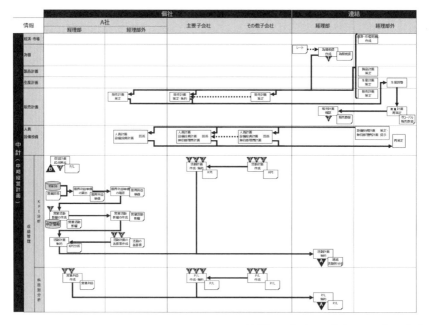

（出所）アビームコンサルティングにて作成

● 縦軸の項目配置はフローが上から下に流れるように配置する

　A社の場合は，縦軸に部署とその部署が担当するレポート，横軸にスケジュール・日付を置き，インプット，プロセス，アウトプットを整理した。縦軸の並び順は，フローが上から下へ流れる順にする。そのためには前工程（KPI数式・取得元一覧）で行ったKPIのインプット情報・その情報の提供部署の整理結果を基にフローが流れる順に配置する。

④　To-Be要件定義

　As-Is業務・システム詳細分析が完了したら次に，To-Be要件定義へ進む。将来の収益管理業務・システムのあるべき姿をKPI，レポート，業務プロセス，データフローに落とす。検討の観点と順序はAs-Is業務・システム調査と同じ構造で，あるべきアウトプット（KPI・レポート），それを出力するための処理（プロセス），そのためのインプットの3つになり，アプローチ，タスク順序は，アウトプット（レポートや出力画面）の定義，それらのデータを作成す

【To-Be要件定義】

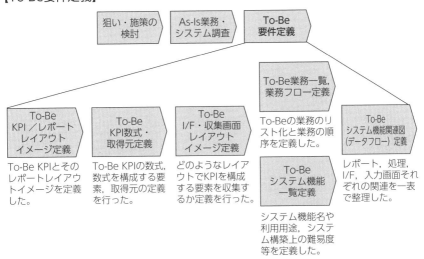

（出所）アビームコンサルティングにて作成

るための処理の定義，その処理をするために必要なインプット（インターフェースデータ，画面入力データ）の定義といった流れだ。下流から上流に向けて検討を進める。A社は主にAs-Is業務・システム詳細調査の結果と「狙い・実施事項」の2つのインプットを基に具体的な改善点を出し，To-Be要件定義を検討した。

ⅰ．To-Be　KPI／レポートレイアウトイメージ定義

ここでは将来見るべきKPIとそのレポートレイアウトイメージを定義した。

A社は現行のKPI・レポートをベースに，会社の戦略や方針，グループ会社や部署の責任・ミッションを加味し，「経営判断するために見るべきKPIは何か」，「その数字・戦略を実行するためにはグループ会社，A社内部署間でどのように分担すべきか」の検討を行った。A社のKPI検討内容および結果は以下になる。

● 会社方針・戦略とKPIを紐付ける

A社が掲げる方針は，「長期的に安定した収益を確保すること」「経営状況を適切なタイミングで的確に把握すること」「ヒト・モノ・カネを管理する仕組みを維持・改善すること」である。

収益を確保しているか否かの状況把握をするために，「本業でどれだけ利益を確保しているのか」「どこの地域，国への輸出売上が高いのか」「どの国，地域で作った製品の売上が高いのか」「輸出を止めなければいけない製品と輸出先の組み合わせはないか」「本業でどれだけ利益を上げているのか」「製品製造，販売を継続，撤退をするべきか否か」を把握する必要があった。そのため，A社は製品別，輸出先地域別，製造地域別営業利益と限界利益をKPIとして設定した。

● A社のKPI例

A社のKPIは，損益表やBSの財務情報を基に算出されたKPI（以下「財務KPI」という）と数量情報など非財務情報から算出されるKPI（以下「非財務KPI」という）の2種類に大別される。

A社の主要な財務KPIは事業別，製品別／輸出先地域別／製造地別営業利益

と製品別／輸出先地域別／製造地域別限界利益と定義した。

● KPIを構造化する

　また営業利益と限界利益は，2種類のKPIツリーで分解した。

　1つ目は損益表。売上，変動費，限界利益，固定費，営業利益といった財務KPIで構成された勘定構造のものだ。2つ目はA社が独自のツリー構造で営業利益・限界利益を会社の活動別に分解した非財務KPIで構成された構造のものだ。営業利益を営業活動と製造活動と固定費その他の3種類に要素分解し，営業利益を構成する活動を明確にした。また，損益表，活動をそれぞれ構成する指標はKPIツリー間でつながっており，「どの活動がどの勘定につながっているのか」を明確にしている，それぞれの活動の結果，どの勘定に影響があるのかが把握できる。A社は収益確保状況を活動面，財務面の双方から進捗を把握し，PDCAサイクルを回せるようにした。

【非財務KPI（例）】

分類	No.	KPI
営業利益	1	前期の営業利益
為替	2	為替変動による営業利益影響額
営業活動	3	製品販売数量変動による営業利益影響額
	4	販売単価変動による営業利益影響額
	5	販売活動で発生した費用変動による営業利益影響額
	6	・・・・
製造活動	7	原材料調達費用変動による営業利益影響額
	8	作業効率，作業手順を効率化したことによる営業利益影響額
	9	・・・・
固定費	10	人件費の変動による営業利益影響額
	11	減価償却費の変動による営業利益影響額
	12	経費の変動による営業利益影響額
	13	・・・・
営業利益	14	当期の営業利益

（出所）アビームコンサルティングにて作成

● KPIの計画・実績バージョンを設定する

　A社はKPIに計画値，実績値の２種類の数字を設定した。

　中期計画や単年度計画（いわゆる予算），期中の見通し（単年度修正計画）策定では，KPIに対して計画値を設定し，期が始まったら月次，四半期のタイミングでKPIの実績値を収集する。

　その目的は，A社は計画策定時，月次決算締め時，四半期決算締め時に，大きく３種類の分析を行うためである。計画値（予算値）対実績値の予実分析，前年同月実績対当年実績等の実実分析，当初計画対最新見通し（修正計画）等の予予分析（予算予測分析）を行い，それぞれ差を検知した場合は，活動面，財務面双方で原因分析，真因特定を行い，マイナスの乖離に対しては即時対策を打つことが狙いだ。

● KPIの役割分担を設定する

　A社の中期計画，短期計画，実績値収集および分析の取りまとめは経理部が行っている。計画の実行を会社として有機的に運用していくために，営業利益・限界利益から細かく分析されたKPIにはそれぞれ担当部署を設定する。例えば，労務費は人事部，製造費は製造部などKPIごとに担当部署を設定し，経理部は各担当部署から財務KPI，非財務KPIを収集することにした。また，連結KPIに関しても地域，国ごとに財務KPI，非財務KPIを設定した。

● 会計戦略からみる各部署の責任意識

　多くの会社でKPIを定義し，各部署，各グループ会社と分担しても日々の業務へ迅速に反映されないケースが散見される。数字と活動が乖離してしまうケースである。

　世の中そのような会社が少なくない中で，A社のKPI運用は徹底されている。輸出取引の多いA社にとって為替レートは収益に影響する重要なKPIだ。

　ある世界的なイベントによってドル円為替レートが円高傾向になった際，オフィスの８台あるエレベーターの運用を半分停止させた。さらに，エレベーターには「昨今の為替の影響で営業利益見通しが減少傾向のため，原価削減の目的でエレベーターを停止する」という張り紙をつけ，社員に通知し，「なぜ

エレベーターを停める必要があるのか」その理由を掲示したのだ。これは円高の流れになってすぐの出来事だ。このように現場レベルでKPIの実績，見通しを各自把握し，何かあったときにすぐに行動を起こせる風土は経営方針，KPIが組織内に有機的に根付いているといえる。

　また，A社の社内にはごみ箱がない。もちろん紙を廃棄するシュレッダーや回収ボックス，業務で利用する消耗品を回収するボックスはあるが，いわゆる燃えるゴミを回収するごみ箱がない。社員がコンビニエンスストアで買ってきたお弁当やお菓子をオフィスで食べた後に残るゴミは各自処分することになっている。この背景には様々な理由があると思うが，会社でゴミを処分するためのコストを削減する目的があると考えられる。A社の会計戦略の1つにコスト低減がある。先の事例からA社のコスト低減意識は様々なところまで行き届いていることがわかる。KPIを単なる数字としてとらえず，社員1人ひとりの活動・行動に根付かせる。これは長期間にわたってKPIの意識を従業員レベルまで浸透させ，徹底したPDCAサイクル運用を行ってきた賜物だ。

ⅱ. To-Be　KPI数式・取得元定義

　KPIが決まったら，そのTo-Be KPIの数式，数式を構成する要素（以下「構成要素」という），構成要素をどの部署から，もしくはどのシステムから取得するのかという取得元の定義を行った。アウトプットイメージは前記③の「ⅱ. As-Is　KPI数式・取得元調査」のアウトプットと同じものになる。ここではそのレイアウトにTo-Be要件を反映させていく。

●KPI計算式を標準化する

　前提としてA社の経理部の状況を説明する。A社の経理部は主にA社単体決算を担当するグループとA社グループの連結決算を担当するグループの2つに分かれている。さらに，単体，連結の中でも財務会計，管理会計で分かれ，単体財務会計，単体管理会計，連結財務会計，連結管理会計と担当するグループに分かれている。

　その4つのグループはそれぞれの範囲のA社の財務KPI，非財務KPIを収集，分析，報告をしている。例えば，単体財務会計グループではA社単体の財務会

計がミッションのため，財務KPIの実績値が主なスコープになる。また，単体管理会計グループはA社単体の管理会計がミッションになるため，財務KPIと非財務KPIの計画値と実績値がメインスコープとなる。例からもわかるとおり，部署ごとにKPIの範囲がきれいにダブり，重複なく分担できている状態ではない。

　単体財務会計グループもメインのKPIは先述のとおり財務KPIの実績値になるが，実績値（結果の説明）にはその原因と今後の対策をセットで報告する必要があるため，単体管理会計グループと同じ財務KPI，非財務KPIを見ていた。しかし，そこに1つ問題があった。単体財務会計グループと単体管理会計グループで同じ目的のKPIでも算出式，計算式が異なっていたということだ。つまり，A社の同じKPIでも部署が異なると数字が異なる，社内に2つの異なった数字を保持している状況になっていた。A社経理部内でそれぞれ部署ごとがそれぞれの算出式で同じKPIの数字を出していたというものがあった。

　また，非財務KPIを作るためには，A社の製造や人事など他部署へ情報を収集する必要があり，単体財務会計グループ，単体管理会計グループがそれぞれで同一の部署に同じ内容の情報収集をするという事象が起きていた。

　A社はKPIごとに算出式を定義した。例えば売上見通しの場合は，直近の製品単価（実績値）×製品販売数量（見通し），つまり，実績単価×見通し数量で売上見通しを出すといったものだ。先述のとおり，以前のA社では同じKPIでも部署によって算出式が異なるケースがあったが，KPIごとに算出式を定義し，その定義内容を部内，グループ会社へ明確にしたことで社内，部内での共通認識の醸成を行った。また，他部署からの情報収集ルートも一本化し，複数あった収集プロセスを統合した。

　ただ長年運用してきたルールを変えることはそう簡単なことではない。そのため，A社はシステム稼働後も以前のKPI計算式は廃止せず，2つの数字を許容した。各部署は今までどおりの計算で数字を作りながら，新しい標準計算式で作られた数字と比較し差をとらえながら，長期的な視点で標準計算式へ統一していくという方針を立てた。収益管理やKPIは社内利用目的であり，正解は

１つでない。また，外部，内部環境によって常に見直すべきものであるため，A社は常に当事者たちが議論し，常に考えることを推奨した。

● KPI計算式のパターン

　A社のKPIの算出式は大きく２種類ある。１つはKPIを分解した構成要素を四則演算して算出するパターン，もう１つは構成要素から計算せず結果値（面積値）をダイレクトに登録，提出するパターンだ。前者の算出パターンだと，KPIの数字の背景・理由が明確になるメリットがあるが，一方で構成要素というKPI値から比較すると細かい粒度の情報を提出，またそれを使って計算する工数やデータ容量の消費が大きいというデメリットがある。後者のパターンはその逆で，運用工数が比較的低く，データ容量の消費が少ないメリットがある一方，数字の算出根拠はその数字を作った担当者しかわからず，それ以外の人間には数字の背景・理由が見えなくなってしまうというデメリットがある。

　A社は経理部の業革チームがリードして，KPIごとに算出式の定義を行った。ここでKPIごとの算出式の例を紹介する。

【KPI数式・取得元（例）】

分類	No.	KPI	数式	構成要素		取得元	担当組織
営業利益	1	前期の営業利益	前期の営業利益額			会計システムからI/F	経理部
為替	2	為替変動による営業利益影響額	A× (B-C)			—	
				A	今期の外貨売上額	同上	同上
				B	今期の平均為替レート	ユーザ手入力	同上
				C	前期の平均為替レート	同上	同上
営業活動	3	製品販売数量変動による営業利益影響額	A× (B-C)				
				A	前期の販売単価	営業システムからI/F	営業部
				B	今期の販売数量	同上	同上
				C	前期の販売数量	同上	同上
・・・・	・・	・・・・	・・・・		・・	・・・・	・・・・

（出所）アビームコンサルティングにて作成

● 子会社からのKPI収集粒度（構成要素／面積値）を検討する

　前述の算出式はA社単体のKPIを作る際の計算式である。連結の数字を作る際には，グループ会社から収集するためのルールを定義した。連結のKPIは単体のKPIとラインナップは変わらない。全グループ会社から先述のKPI値を収集し合算したものが連結のKPIとなる。ただ，全グループ会社から一律に構成要素を収集し，KPIを算出する必要はなかったため，A社は，A社相当の会社

（構成要素レベルで管理する会社）とそれ以外の会社（KPI結果値，面積値の
みを管理する会社）を定義した。

　後段でグループ会社グルーピング方針について言及するが，グローバルにお
ける重要性（業績貢献度）が高い会社からは，構成要素レベルの情報を収集し，
それ以外の会社からは結果値，面積値のみを収集することにした。

● 連結子会社からの情報収集方針を決定する

　A社はグループ会社の形態（連結子会社か持分法適用会社か）の層別化を実
施した。

　次に連結子会社のグループに対して事業（事業規模）別の層別化を実施，そ
の中の特定の主力事業に対して，機能別の層別，製造系・販売系グループとそ
れ以外で分類した。

1．連結子会社のうち主力事業の製造・販売機能を担当している会社（グルー
　　プ1）
2．連結子会社のうち主力事業の製造・販売機能以外を担当している会社（グ
　　ループ2）
3．連結子会社のうち主力事業以外を担当している会社（グループ3）
4．その他持分法適用会社等（グループ4）

　結果，4グループを定義し，A社はグループ1に対してはA社と同様のKPI
およびそれを算出するための構成要素を収集，グループ2に対しては製造系・
販売系のKPIを除いたKPIを構成要素で収集，グループ3は主力事業以外の
KPIを構成要素で収集，グループ4に対してはKPIを面積値で収集するという
方針を決めた。

　このように主要な会社にはA社単体同様，構成要素レベルで情報をもたせ，
その構成要素を提出させ，持分法適用会社に対しては面積値で提出を求めるな
ど，グループ会社のグループによって収集レベルを定義した。

　数百単位で存在するグローバルのグループ会社，持分法適用会社からKPIを

論理的に収集し，集計するためにはA社のような方針が重要になる。

● グループ会社からのKPI収集粒度（フラット／サブ連結）

　また，構成要素で収集する会社と面積値で収集する会社の区別に加えてもう一つのルールを作った。

　それはグローバルの地域ごとに，その地域のグループ会社からフラットで数値を収集するか，それとも地域で連結した状態の数値（サブ連結値）を収集するかのルールである。A社は，欧州，北米，アジア等各地域にグループ会社を置いている。また，それらの地域には複数のグループ会社があり，また，北米など比較的大きな地域には複数のグループ会社を束ねる会社（以下「統括会社」という）が存在している。北米のグループ会社の数値は北米の統括会社が北米地域内のグループ会社情報を収集し，連結した上で親会社であるA社へ提出するのか，北米統括会社および北米地域内のグループ会社はそれぞれ個別に親会社であるA社へ提出するのかといった論点である。これを決定するために，A社は地域ごとの責任・権限範囲，親会社の管理方針を定めた。

　例えばアフリカ地域は，統括会社は設立して間もなく運用も安定しているとはいえない状況であった。アフリカ地域で数値をまとめて収集してしまうと，地域内のグループ会社の分析ができなくなってしまうため，親会社としては常にアフリカ地域内の状況は把握しておきたいという理由で，アフリカ地域はサブ連結値で集めずフラットで収集すると決めた。

　また，北米は統括会社の運用が安定して地域内のグループ会社に対するガバナンスも十分効いている。そのため，北米は地域サブ連結値で収集する。

　一方，アジア地域も同様に統括会社のガバナンスは地域内のグループ会社に効いている状況は北米と変わりないが，売上規模がグローバルの中で大きいため，親会社としては製造系，販売系等の地域内のグループ会社ごとに情報を収集したいため，地域内機能別連結値で収集する。このように地域ごとに責任・権限範囲や親会社の管理方針を検討し，KPIの収集単位を決定した。

● 構成要素，面積値の収集方式

　構成要素や面積値と収集したい情報が決まったら収集方式を決める。それら

はシステムから入力するのか，それともスプレッドシートなどのエンドユーザー・コンピューティング（EUC）で収集するのか，システムから収集する場合，ユーザーがシステムへ手で入力するのか，フロントシステムからインターフェースするのかを決めていった。A社は，収集したい情報が社内のどこかのシステムで保持している場合はすべてインターフェースでデータ連携し，社内システムで保持していない情報は手でシステムへ直接入力する方針を決めた。また，ネットワークの問題がある国で社内システムへ直接入力できない法人に対してはスプレッドシートを使って親会社へKPIを提出し，親会社経理がそのスプレッドシートを見てシステムへ情報を入力するやり方を採用した。

ⅲ．To-Beインターフェース・収集画面レイアウトイメージ定義

　前工程（To-Be　KPI数式・取得元一覧）でインターフェースや画面で収集することとなった情報に対して，どのようなレイアウトで情報を収集するかをこの工程で定義した。

● インプットデータとアウトプットデータの粒度整合性を検証する

　何の数値をどの切り口（粒度）で入れるのかを定義していく中で，最終的に見たいアウトプットの切り口（粒度）と整合しているかが大切だ。例えば，営業利益を製品別，製品型番別に見たいという要件の際，売上，売上原価，販管費の勘定を製品別，製品型番別に入力する必要が出てくる。このようにアウトプットとインプットが整合しているかの検証が必要だ。

● インプットデータ収集の実現性を検証する

　次に重要なのは実現性だ。ユーザーが手で入力する場合，データ量や入力データを準備する難易度観点で工数感が許容できるか，フロントシステムからのインターフェースで連携する場合，フロントシステムがほしい数値および切り口（粒度）を保持しているか，保持している場合，問題なくそれを連携できるかという検証が必要だ。

　一般的に情報の分析を進めるとより細かい粒度の情報がほしくなる。一方で細かい粒度のアウトプットを用意するとなるともちろんそれと同じ粒度のインプットが必要になり，細ければ細かいほどインプット情報の量は増え，手で入

力する類のデータの場合はその分入力ユーザーの工数を増やす。

　そのため，ユーザーの画面入力で収集する情報は，ユーザーが問題なく入力
できる情報量か，それなりに負荷がかかる場合は，そこまで工数投下をしてま
で必要な粒度およびデータなのかの検証が必要である。検証の結果，実現性が
低い情報が出てきた場合は，アウトプットの切り口（粒度）を見直す必要があ
る。A社もこの工程で，一部データの入力が難しいことが判明し，一部のKPI
の切り口（粒度）の見直しを行った。一方，フロントシステムからのインター
フェースの場合は，「ほしい数値，切り口（粒度）をそのシステムで保持して
いるのか」，「（保持している場合）インターフェースで連携できるか」の検証
が必要である。そのためには，フロントシステムのドキュメント（テーブル定
義書や仕様書）を入手して検証する必要がある。また，ほしい情報を保持して
いる場合でも，インターフェースを開始する頃にシステムが変更になったり，
廃止されたりするケースがあるので，インターフェースを開始する時期にほし
い情報がそのシステムからインターフェースでデータ連携が可能かをシステム
担当者へ確認する必要がある。

　インプットデータの実現性検証の際には，画面入力でもインターフェースで
も実際こちらがほしいレイアウトを作成し，画面入力するユーザーもしくはイ
ンターフェースの場合はそのフロントシステムの担当者と，レイアウトの現物
を見ながら認識を合わせることが大事である。

　iv．To-Be業務一覧，業務フロー定義

　前工程のアウトプット（KPIおよびレポートレイアウト）定義，それを出力
するためのプロセス（数式）定義，そして計算に必要なインプット（画面，イ
ンターフェースレイアウト）定義をインプットにTo-Beの業務のリスト化と業
務ごとの順序を定義した。

● 業務のインプット・アウトプットを明確にする

　このドキュメントにおけるポイントは，業務ごとにインプット，アウトプッ
トが明確になっていることである。タスクには必ずアウトプットが伴う，また
インプットがなければアウトプットは出せない。その観点で１つひとつの業務

に対してインプット，アウトプットが紐付いているかのチェックが大事になる。

● 業務上の重要マイルストンを明確にする

　業務一覧の作成が完了したら，次に業務フローの作成を行う。業務一覧で定義した業務に対し，業務プロセスを視覚的に把握し，業務プロセス間の連携，担当者，実施タイミングを明確化することを目的とする。ここでのポイントは，業務締めや業務上の重要マイルストンを明確化することである。収益管理業務における重要マイルストンは経営会議での報告や株主への報告になることが多いが，そのタイミングが四半期ごともしくは半期ごとのどの営業日で実施されるのか，そのためには報告担当となる経理部や経営企画部はいつまでに連結の実績データや見通し／計画データを集計しなければいけないのか，いつからいつまでにグループ会社からデータ収集をしなければいけないのか。この情報を基にユーザー側の業務の運用検討やシステム要件定義を行うため重要である。

● A社業務フロー概要

　ここでA社の業務フローの概要を見ていきたい。

（計画策定プロセス）

　A社の計画策定プロセスはトップダウン型とボトムアップ型をミックスさせたプロセスである。中期計画や単年度計画策定時に，経営会議で決めた営業利益の目標値を基に経理部が各部署の目標値へ分割し，各部署へ計画の前提条件として通知する。

　それを受けた各部署は，その数字をインプットにそれぞれの計画値を横の部署と調整をした上で経理部へ提出する。

　A社は機能別組織制を採用しており，大きく研究開発，生産，営業，コーポレートという組織構成になっている。分担としては，営業部が販売計画，生産部が生産計画，人事部が人員計画となっており，また経費計画はすべての部署が策定する。

　策定の流れは，経理部から前提条件が提示された後，製品の販売計画が策定され，次にそれを実現するための生産計画を策定，その後販売，生産に必要な

人員計画が策定されるというものだ。

　一方連結では，親会社から為替レートの前提条件のみ伝えられ，各地域，国，グループ会社からボトムアップ型で計画を策定し，A社経理部が各社から挙がってきた計画値をマージするものになっている。

（実績収集・見通し作成プロセス）

　A社の実績収集・見通し作成プロセスは，月次で経理部が財務KPIで非財務KPIの分析を行い，予実差が発生している部分に対して原因特定を行う。

　それを行うために，あらかじめ各部からそれぞれの財務KPI，非財務KPIの予実原因を収集し，経理部と各部で差異の予実差の原因をすり合わせる。

　その後，その差異を埋めるためのアクションプランを見通しへ反映させるというプロセスとなる。

　一方，連結では，親会社が各社から四半期ごとに実績と計画との差異要因と見通しを収集し，A社単体の情報とマージして連結としての情報を集約させる。数百とグループ会社があるため，グループ会社一律に予実分析，アクションプラン策定の介入が難しい。そのため，親会社はグループ会社のグルーピングを行い，優先度付けを行い，優先度の高い会社に対し原因分析，アクションプランのすり合わせを行っている。

● 短期計画・中期計画 連携

　A社の本プロジェクトの狙いの1つに中期計画と短期計画の連動がある。中長期的な経営戦略・事業戦略を各組織，社員の日々の活動計画へ落とし込むために中期計画と短期計画を連動させるためである。A社は中期計画，短期計画それぞれの業務で先述のAs-Is業務分析およびアウトプット，処理，インプット，業務フローの要件定義を行い，中期計画と短期計画の情報のタッチポイントと業務プロセスのタッチポイントを明確にし，連携要件を定義した。

　A社の中期計画は向こう3年の計画で，毎年10月，11月頃に策定・見直しを行っている。中期計画の構成は販売計画，生産計画，人員計画と短期計画とを連動したものになっていて，最終的に財務KPI・非財務KPIのレポートを作成

している。

　一方，短期計画は毎年1月～2月に策定していて，11月頃に作成された中期計画をインプットに策定している。具体的には，現在2022年とすると，2022年11月に23年度～25年度の中期計画を年度別に作成する（以下「22年度中期計画」という）。先述の財務KPI・非財務KPIの計画値が年度別で作成されるイメージである。

　2023年2月に23年度の短期計画を策定するときは，22年度中期計画の23年度部分の財務KPI，非財務KPIをインプットにして，より具体化，詳細化した内容を23年度短期計画に落とし込む。

　一方で，短期計画から中期計画へのフィードバックもある。先の例示を使って表現すると，22年10月頃に22年度半期の実績が確定していて，同時に22年度の着地見通しも期初より確度の高いものになっている。その最新の22年度着地見通しを22年度中期計画に反映させて，23年度以降の計画の見直しを行う。このようにA社は中期計画と短期計画を連動することにより，中期レベルの戦略

【To-Be　業務フロー定義　イメージ】

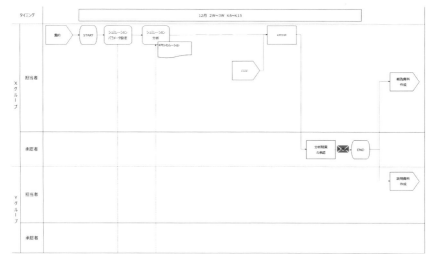

（出所）アビームコンサルティングにて作成

や計画を実行性の高い計画に落とす仕組みを作った。

　ⅴ．To-Beシステム機能一覧定義

　前の工程で定義したレポート，処理，インプット（入力画面，インターフェース）の機能をリストアップし，システム機能名や利用用途，システム構築上の難易度等を定義した。

● システム機能をグルーピングする

　システム機能一覧のポイントは機能ごとに業務観点，システム観点でグルーピングすることだ。

　例えば業務観点のグルーピングは，「この機能はA社単体で利用するものなのか，A社グループ会社が利用するものなのか，もしくはA社単体もグループ会社単体も両方使うものなのか」また，「この機能は中期計画の業務で利用するものなのか，単年度計画・予算で利用するものなのか」等の層別を行う。

　また，システム観点の分類は，IPO（Input Process Output）など一般的な機能分類のフレームワークを参考に構築する機能を分類する。

　A社はレポート，処理，インターフェース，インプット画面の4種類に分類した。

　この分類検討の中で機能ごとの設計・開発難易度を付けておくことも大事である。要件定義時に機能ごとの難易度を付けておけば，設計・開発工程の計画検討時に，機能ごとの設計・開発工数を算出するための有益なインプットとなる。

　システム機能一覧のもう1つのポイントは，一覧上の1行の単位，つまり1機能の単位の定義だ。

　どこからどこまでを1レポートとするか，どこからどこまでを1処理とするか等，レポート，処理，インターフェース，入力画面ごとに決める必要がある。例えば損益表レポートを例に挙げると，損益表といっても単月レポート，四半期累計レポート，単月製品別レポート，単月地域別レポートなどの複数のバリエーションが考えられる。ここで決める単位は今後のプロジェクト（設計・開発はもちろんユーザー側の業務検討や受け入れテストなど）やプロジェクト稼

働後運用時の管理単位になってくるため，非常に重要だ。そのため，プロジェクト内で業務視点，システム視点それぞれの視点で議論し，決める必要がある。

● システム化範囲を検討する

　この議論の中で必ず取り上げたいトピックは，システム実装範囲とマニュアル対応（手でスプレッドシートを作成するなどして対応する）範囲だ。

　収益管理業務は，内部の意思決定のための業務であり，内部の意思決定に必要な情報は外部環境，内部環境の状況によって常に変わり続ける。そのため，今決めたレポートが今後向こう5年間有効なレポートになる可能性は低い。

　システムで作り込む範囲は汎用性や可変性を持たせることが大事だ。設計・開発工程で工数をかけて作り込んでもプロジェクトが稼働する頃にユーザー要件が変わってしまっていて，作り直すのに再び多くの工数がかかるといったことがこの収益管理の領域では少なくない。

　そのような事態を防ぐために，業務視点で今後も変わらない部分，変わる見通しがある部分の色付けや，システム視点で汎用性，可変性を取り込んだ機能配置を検討することで，システム化範囲およびスプレッドシートなどEUCを含めたソリューションを検討する必要がある。

　vi．To-Beシステム機能関連図（データフロー）定義

　システム機能一覧を作成後，次にシステム機能関連図を作成した。これはレポート，処理，インターフェース，入力画面それぞれの関連を一表で表現し，要件実現に必要な機能がどのシステムで実装されるのか，またその連携はどのような関係になるのかを表すものだ。

● 機能間の整合性検証と全体機能体系を関係者と合意する

　ここでのポイントは，当ドキュメントに前工程で定義した機能が漏れなくプロットできていることと機能の配置およびつながりに整合性があることである。

　当ドキュメントはプロジェクトで構築，提供するソリューションの全体像（全体を俯瞰した設計図）になる。そのため，メンバーとはしっかり内容を合意し，共通認識として醸成する必要がある。

　以上がA社のグローバル連結収益管理の業務・システムを検討するための構想策定，要件定義フェーズの主な実施事項になる。収益管理は自社のために自社のルール・取決めで行うものであり，プロジェクトのタスク・アプローチは会社の戦略や特徴，組織文化に適応させてプランニングする必要がある。A社のストーリーから読者の皆さまのグローバル連結収益管理実現に向けた気づきや発見のきっかけを提供できたら幸いである。

【To-Beシステム機能関連図（データフロー）定義　イメージ】

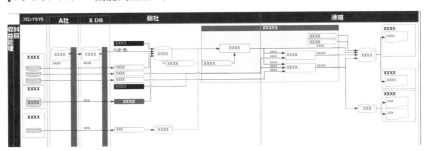

(出所) アビームコンサルティングにて作成

<u>2</u>　B社の事例

　A社の事例がグローバル連結収益管理のKPI定義とその実施業務・システムを中心とした解説であったのに対し，B社の事例はグローバル連結収益管理を実行するグループ経営管理システム構築(第3章6　システム／テクノロジー)を中心とした解説となる。

　どのようなポイントを押さえてグループ経営システムを構築していったのか参考にしていただきたい。

(1)　B社概要

①　B社のプロフィール

　B社は日本に親会社を置く総合商社であり，従業員は単体では5千人，連結ベースで6万人超になる。A社と同様に世界各国に連結子会社，持分法適用会社が存在しておりその数は数百社に上る。資源，エネルギー，インフラ，機械，生活産業などの事業をグローバルに展開している。グローバル連結収益管理は主に親会社の経理部門が担っているが，商社のビジネス自体が多岐にわたっていることから，事業部門あるいは地域統括に経理組織を置き事業の収益，あるいは地域の収益を管理している。さらに，事業投資の側面から各グループ会社そのものの管理は営業担当者が行っている。

②　B社が抱えていた課題

　B社のグローバル連結収益管理はスクラッチシステムを使用していたが，すでに老朽化もしており，改変の繰り返しでシステム自体が複雑化していた。グローバルにおいては地域統括にてサブ連結を実施，地域ごとにパッケージシステムやスクラッチなどそれぞれにシステムを構築していた。そのため，各地域統括の単体決算とサブ連結のシステム間，サブ連結と親会社とのシステム間の連携が複雑化，各システムがそれぞれの要件や事情により改変等を行った場合に整合性を担保，維持するために，他のシステムにも改変が必要になってくるなど，運用コストも膨らんでいる状態でもあった。

　一方，商社ビジネスもトレードビジネスから事業投資ビジネス中心に移り変わり，会計戦略もKPIの管理粒度も変化してきていた。トレードビジネス中心の頃は，いかに安く大量に仕入れるか，あるいはいかにコストをかけずに販売できるか，PLを中心に事業や地域の管理軸で分析管理ができればよかった。これが事業投資ビジネスになることで，どんな商品がどの地域で売れるか，そのためにどの地域，どの商品に投資すべきか，その投資のリスク，リスクに応じた資金回収ができるのか，PLだけでなくBSやキャッシュも重要な要素と

なった。さらに，事業も多様化し，トレンドも激しく変化する中で特に，どの
地域，どの商品に投資すべきか，注力すべき事業の舵取りは難しくなり，ビジ
ネス展開する地域も広がり，マーケットの変化を細かく見ての判断が必要と
なっている。事業や地域にどうポートフォリオを組むべきか詳細に商品や国レ
ベルまで分析し判断する必要性が出てきた（管理軸はかつて詳細なレベルで持
つことが業務・システム的に難しかった事情もある）。

　こうした課題を解決するために，B社は業務とシステム・ツールを刷新する
業務改善・システム構築のプロジェクトを立ち上げた。

(2)　B社プロジェクト概要

　B社のプロジェクトは，高度化，効率化，コスト低減を狙いとして実施。も
ともと制度連結とグローバル連結収益管理を同時に行うような業務とシステム
であったため，本プロジェクトも制度連結とグローバル連結収益管理両方をス
コープに取組みを実施した。また，統括会社におけるサブ連結についても業務
標準化と同一システム利用を目指しスコープインとした。数年にわたって業務
とシステムを改革するビックプロジェクトである。

　グローバル連結収益管理の狙いは大きく3つである。

---

①　グローバル連結収益管理の高度化
②　グローバル連結収益管理の効率化
③　グループ経営管理システムの開発・運用コストの低減

　それぞれの狙いについてもう少し詳しく見ていきたい。

①　グローバル連結収益管理の高度化

- 管理軸の詳細化，異なる複数の管理セグメントを集計し分析を可能とする
- 収益管理に関連するデータの投入から社内あるいは外部開示までの時間短縮
- 情報の正確性の担保

　どの商品がどの国・地域で収益を上げられているか，どこに投資をすべきか，これまではざっくり見ていたが正確性に欠け，さらにデータを揃え集計・加工し分析し開示するにも時間がかかっていた。

　商品を細かく分類しグローバルにコードを揃える，事業別で連結，地域別で連結，地域×事業のマトリクスで連結と複数の管理セグメントを集計し分析をしていくこと，収益管理の作業を見直し，手続の廃止，簡素化，速報値と確定値によって管理することで，全体的な開示スピードを速めるとともに，クイックヒットを狙った打ち手と確定値確認後すぐにアクションがとれるように速報値を作成する仕組みを構築することとした。

②　グローバル連結収益管理の効率化

- 情報入力，レポーティング処理の効率化
- 自動化によるマニュアル処理の削減

　グループ会社数が多いため，情報を集め集計するボリュームも手間も多い。必要な情報が来ない，あるいは間違っていた場合の確認や依頼作業だけでも情報の開示を遅らせる原因になっていた。そのため，グループ会社が間違った情報入力をしない仕組みを構築し，集計し連結やレポーティング処理を円滑に進めることを念頭にグローバル連結収益管理に係る作業を徹底的に効率化してい

くことを目標とした。情報を入力するための基本情報の単純化, 処理について
は集約化, シンプル化を図っていくことで情報入力から収益管理レポート出力
までの時間を短縮化, マニュアル作業の自動化を図ることで作業の工数削減を
図り, 人員の収益分析担当者等への配置換えも可能とすることとした。

③　グループ経営管理システムの開発・運用コストの低減

- グループ同一システム利用によるコスト削減

　親会社だけでなく海外統括会社においても連結処理（サブ連結）を行ってい
たが, 基本的に連結システムは親会社, 各地域統括会社それぞれ異なるシステ
ムを利用していた。そのデータ連携に際してはインターフェースを構築しつな
いでいた他, 親会社はサブ連結から情報を受け取るときに各地域のグループ会
社の情報の一部を受け取り連結処理もしていた。そのため, 複雑なデータ連携
だけでなく, 各システムに変更が生じた場合に親会社や各海外統括会社でその
修正に重複するコストが発生, 運用コストの高止まりが発生していた。
　そこで, 親会社と主要グループ会社にてプラットフォームを統一化し, 複雑
なデータ連携を排除し, 変更にかかるコストを低減していくこととした。

　上記3つを狙いにプロジェクトがスタートすることとなった。

⑶　B社プロジェクトのタスクとアプローチ

　B社プロジェクトで実施した主要タスクは以下のとおりである。

①　業務方針整理
②　システム方針整理

---

③　システム導入

　A社とのアプローチの違いは，As-Is業務・システム詳細分析といったもの
は行わず，将来の業務やシステム像を描きプロジェクトを進める「To-Beアプ
ローチ」をとった点である。その中でも業務で実現したい内容をしっかりと描
き，それを実現できるグループ経営管理システムを選択しシステム導入を行う
手法をとり，進めていくこととした。

　それでは，実際の主要タスクの中身を見ていきたい。

①　業務方針整理

　プロジェクトの目的は，最終的にグローバル連結収益管理を行うグループ経
営管理システムを構築することにあるが，初めに，そのシステムで何を実現す
るのかを整理した。システムはあくまで業務を実現する手段にすぎない。まず
は，業務としてのありたい姿，やりたいことから新たなグローバル連結収益管
理での業務方針を整理した。

ⅰ．プロジェクト立ち上げ

　プロジェクトのスタートは経営計画に掲げられた成長戦略とそのための経営
基盤の強化をどう実現していくのかを主題とした，グローバル連結収益管理を
担う経理部門とその仕組みであるシステムを管理する情報システム部門との議
論からであった。前述のとおり，事業投資ビジネスが拡大し，トレードビジネ
スとは違った管理が必要となっていた。さらに，トレンド，マーケットの変化
が激しくなる中で，より事業や地域を細かく見てどの地域のどの事業により投
資していくべきか判断する必要も出てきた。そうした変化の中で，事業を担う
組織と地域を担う組織とが今まで以上に協力しビジネス展開することが成長に
つながる，そのためには事業，地域をマトリクスにしてグループでの収益を見
極められるよう，グローバル連結収益管理の改革およびそれらを管理する経営
管理基盤の刷新が必要不可欠であると結論づけられたのである。

　そうして，グローバル連結収益管理実現を目指す業務改善・システム構築プロジェクトが立ち上がることとなった。

　このプロジェクトはグループ全体の業務やシステムの変更となるため，各事業や各地域の他，全グループ会社の協力や理解なしには進まない。そこで，プロジェクトの立ち上げとともに，特に海外グループ会社を意識した連携やコミュニケーションを担う展開チームを設置した。こういった全グループを巻き込んで実行していくプロジェクトにおいては，その背景や目的，ゴールを明確にしなければならない。「なぜ我々がやる必要があるのか」「なぜそれをやらないといけないのか」といった疑問があるままでは，日々忙しく仕事をしている関係者達にとっては余計な仕事と思われ協力を仰げないこともある。錦の御旗ではないが，我々はこのためにプロジェクトをやるのだという目的やゴールを明確にして，丁寧に説明していくことが必要不可欠である。本プロジェクトにおいてもその目的やゴールの明文化に注意を払い，関係各部署とのコミュニケーションに活用した。

　また，経営計画から紐付けるなど経営理念からの一貫した流れでプロジェクトの目的・ゴールが設定されることも重要である。A社の事例も「狙い・施策・実施事項の検討」のために戦略・経営の方向性・目指すべき姿を実現するためのテーマを策定していた。B社も経営計画を出発点に検討がなされている。経営理念や経営戦略・会計戦略，経営計画に関係性の見出せないプロジェクトは，今やる必要があるのかという疑問が湧いてしまうものである。プロジェクト立ち上げにはぜひ意識すべき点である。

ⅱ．個別テーマ検討

　事業（商品）×地域（国）でのグローバル連結収益管理を実現するには，事業から商品へと管理粒度を細かくすることだけでなく，トレンド，マーケットの変化をいち早くとらえ変化に対応するために，情報開示のスピードや正確性を担保する業務・システムの改善が必要となってくる。そういった新たなグローバル連結収益管理を実現するための検討すべきテーマを整理し，個別テーマとして業務の方向性について検討を行った。なお，その検討は各事業部門か

【例】個別テーマのサンプル】

ワーキングチーム	検討概要
グループ会社 情報収集方法検討チーム	• 国内グループ会社／地域統括会社／地域グループ会社の情報収集方法の検討 • 情報収集体制・業務フロー（概要）の検討 • 地域統括会社 サブ連結処理方法の検討
内部取引消去検討チーム	• 多様な資本連結手続への対応検討 • 業務手続の自動化・標準化検討 • 連結収益管理用の照合（簡易消去）手続検討
収益管理レポート整理チーム	• 共通レポートイメージの整理・検討

（出所）アビームコンサルティングにて作成

ら代表メンバーに参画してもらいワーキングチームを組成し実施した。

　テーマの整理は，新しいグローバル連結収益管理で実現したいことに対し，現状業務では実現が難しい点や解決すべき課題点を，抽出し，検討テーマとして設定していった。特にグローバル連結収益管理の方向性を検討する際には，誰が収益の結果を見るのか，その結果を作成するにはどの組織や部門が関係するのか，が重要な要素となる。当たり前ではあるが，結果を見る人が検討に参加せずに知らない，ちゃんと見ていなかったので思っていたものと違うと言われては本末転倒であり，作成に関係する組織も同様である。個別テーマ検討で決まる業務の方向性がこの後進めていく詳細な業務手続やシステム構築に影響を及ぼすことから，結果を見る組織，作成に関わる組織には極力検討に参画していただきコンセンサスを取りながら進めていくことが肝心で，前記「ⅰ．プロジェクト立ち上げ」で話したとおり，いかに関係者を巻き込んで進めていくかが重要である。ただし，注意としては，検討すべきテーマ設定が十分に練られていないまま参画してもらうと，関係組織の個別最適の要望ばかりになってしまう，議論の方向性が定まらず発散してしまう，といったことにもなりかねない。参画してもらうタイミングとともに，検討の方向性を素案としてまとめ

た上で議論に参加してもらうなど，ファシリテーション上の工夫も必要となる。

　B社の場合は，親会社の各事業部門が事業に紐付くグループ会社を管理しており情報収集や事業内の連結処理を行うなどグローバル連結収益管理の業務に直接的に関わる組織であったため検討には各部門の参加が必要不可欠であり，各部門自体も自分ごととととらえ，積極的に参加し，活発な意見交換がなされていた。

　ⅲ．KPI定義

　KPIとして管理したい指標の粒度はこれまで述べてきたとおり，事業（商品）×地域（国）である。これを軸にPL/BS/CFの予算と実績を四半期ベースに確

【KPIイメージ：事業（商品）×地域（国）】

			地域・国						集計			
			日本	北米			EU	・・・	地域間消去	商品別連結	商品間消去	全社連結
			日本	米国	メキシコ	カナダ	英国	・・・	・・・			
事業・商品	資源	金属										
		石油										
	エネルギー	電力・ガス										
	生活産業	住設										
		医薬										
		通信・メディア										
		物流										
		不動産										
		金融										
	コンシューマー	消費財										
		流通・小売										
		食品・飲料										
	自動車・製造	自動車・モビリティ										
		電機・機械										
		電子部品・半導体										
	・・・	・・・・・・										
		・・・・・・										
集計	商品間消去											
	地域別連結											
	地域間消去											
	全社連結											

（出所）アビームコンサルティングにて作成

認していくことが基本となっており，ここから純利益，ROA/ROE，フリー・キャッシュ・フローを特に注視して分析を行っている。これは商社というビジネスから会計戦略を想像するとわかりやすい。商社ビジネスは事業投資を中心に行われていることから，投資に着目している。投資をした結果として収益を上げられているのか。投資に見合う収益を上げられているのか。次に，投資するためのキャッシュを捻出することができているのか。それらを判断していくために，純利益，ROA/ROE，フリー・キャッシュ・フローを特に注視しているのである。

　さらに，事業（商品）×地域（国）ごとに純利益，ROA/ROE，フリー・キャッシュ・フローを見ていくことで，どこの地域のどの商品に投資していくべきか，どの商品，地域の強化が必要かなど細かい分析を行うことも可能となり，トレンドやマーケットの変化をつかみ事業ポートフォリオを組み替えることができるようになる。

　なお，B社のような総合商社は複数の異なる事業を展開しているため，各事業の分析要件が異なってくる。例えば，製造業を中心とする事業は，原価計算を用いて1つ当たりのコストまで管理したいと思うだろうし，サービス業を中心とする事業は，費目別に管理ができればよいだろう。管理軸において数量といっても，人員，個数，ロット，台数，走行距離，発電量，重量など様々な数量があり，事業によってこれは必要，これは不要と要件が異なってくるものである。そのため，B社のグローバル連結収益管理として全社で管理するKPIの軸は，会計上の財務諸表の科目とセグメント（ただし商品，国レベル）までとした。それ以外で各事業（あるいは地域）に必要となる情報は，各事業にて管理を行っている。

　貴社でも管理軸をグローバルでどう揃えるかは悩みのタネではないだろうか。B社の事例のように必要最低限の情報を揃え管理する，例えばそこから始めてみるのはいかがだろうか。

iv．新業務プロセス（概要）整理

業務方針の方向性に従って，新しいグローバル連結収益管理がどういった業

務の流れで行うのか，そのプロセスを整理，決定していく必要がある。これは，「第3章の4　管理プロセスの定義／実行」で述べた，目標設定のプロセスの定義，管理レポート体系／運用ルールの定義，主要会議体/意思決定機関の定義でもある。

　B社の場合は，すでにグローバル連結収益管理を実践していることもあり，プロセスを大幅に変更することはなかった。ただ，その中でも3点ほどポイントとなる変更点があった。1点目が，事業（商品）×地域（国）での管理を導入したことで，評価のやり方と一部のプロセスの実施タイミングを変更した点。2点目は後述するが，フラット連結導入による親会社のタスクを変更した点。そして3点目が，速報レベルの情報をレポーティングできる仕組みを構築したことで，速報値確認とアクション実施のプロセスが追加になった点であった。

　新業務プロセス（概要）整理は次に述べるシステム方針整理にもつながるタスクであり，並行的に実施されることが多い。具体的な手法としては，既存の

【業務フロー定義　イメージ】

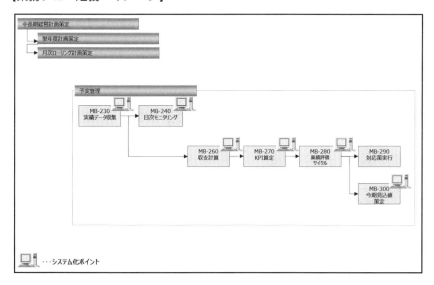

（出所）アビームコンサルティング「Industry Framework®」

業務プロセス（いつ，誰が，どこで，何を，どうやって行うかを作業の流れで記載）を，ありたい姿に向けて，どう変えるか整理しながら新しい業務プロセスを業務フローとして描き定義していく作業となる。そのため，新しいシステムでこんなことがやりたい，こんな機能がほしいといった要件を整理しながら，進めていく必要もある。業務を実現する手段としてのシステムではあるが，システムでできるかによって業務を考え整理する必要も出てくるのである。テクノロジーの進化によってシステムで実現できない業務はなくなってきており，業務とシステムの境目もわからなくなってきている。グループ経営管理システムも同様で，システムの作りに応じて業務を合わせることがある点についても留意する必要がある。

②　システム方針整理

　新業務プロセス（概要）整理で述べたとおり，システム方針整理は業務方針が概ね見えてきたところから並行して実施していく。業務方針を実現するシステム方針についてB社では，業務を実現するための機能の洗い出し，データ連携が必要な周辺システムの整理など，新しいグローバル連結収益管理を担うグローバル経営管理システムの方針を整理していった。

ⅰ．システム機能要件の抽出

　新しい業務プロセスを描きながら，新しいシステムにどんな機能が必要か，その機能要件を整理していくわけであるが，その整理は，「第3章の6　システム／テクノロジー」で見てきた「データ収集プロセス」「合算・連結調整プロセス」「レポーティングプロセス」を軸に整理していくこととなる。

　グローバル連結収益管理の整理においては，基本的な検討の流れとしてKPIを設定し，その管理プロセスを定義（管理レポート体系／運用ルールの定義など）していくことから「レポーティングプロセス」の検討をスタートにすることが一般的である。誰がどんなレポートを見て何を判断するのか，既存で見ているレポートを参考にしながら，新しいレポートで表示すべき項目やレイアウトの概要を決定する。その決定に基づき，レポートに表示される項目をどう集

めてくるのか，あるいは集めてきた情報からどう表示される項目を作り出すのかを整理していくこととなる。この2つが「データ収集プロセス」と「合算・連結調整プロセス」の整理となる。

　B社においても基本的にはこの流れで検討を進めていった。KPI定義，新業務プロセス（概要）整理に基づいて，レポートの表示項目，大まかなレポートレイアウトを検討するとともに，レポーティング機能として，どんな機能が必要かを整理した。主な要件は「合算・連結調整プロセス」の結果がレポーティングされた後で，経営層向けの報告用に集計や加工をしてレポート作成できる（つまり，スプレッドシート形式でレポーティングでき，四則演算やピボット集計ができる）こと，各レポートやその内容を見せる，見せない，の権限制御ができることであった。

　グローバル連結収益管理の情報は時にインサイダー情報を含む場合もあるため，こうした権限制御について，レポートそのものを見せる，見せない，を制御することや，見る人が管理する組織の範囲のみ見せるなど，制御をする必要がある。権限制御のシステム要件によって，システム導入時の作り方に影響が出てくることから，この時点で検討しておくことが必要不可欠となってくる。

　「データ収集プロセス」は，「レポーティングプロセス」の検討に基づいて，収集する情報整理とその情報の集め方（スプレッドシートに打ち込んでメールで収集，WEB画面から入力，単体会計システムとインターフェース機能で自動連携）を整理，検討する必要がある。また，収集を効率化するための機能についてもあわせて検討しておく必要もある。

　B社の場合は，制度連結も同時に検討していたため，収集情報は，実績情報（制度連結目的，管理連結目的），予算情報（管理連結目的）があり，基本的にそれらは分けて集める方針とした。収集タイミングの違いや管理項目の違いがその理由である。ただし，共通的に利用できる項目は共通化し収集することで情報を提出するグループ会社ユーザーの負荷を考慮し整理を行った。また，情報の集め方については，WEB画面への入力をベースとしつつも，海外グループの拠点によってはネットワーク回線がつながりにくい拠点もあること，親会

社単体の情報は情報量が多いことからスプレッドシートによる収集とインターフェースによる自動収集（主に財務情報）といった複数の情報収集手段を用意する方針とした。収集の効率化においては，システムでの入力のチェック機能や代入機能（項目に自動的に値をセットする機能）を要件として整理した。

　グローバル各国から情報を収集する場合には，各拠点のシステム環境といったものも十分考慮の上収集方法を整理しておく必要がある。ネットワークが悪い拠点では，WEB画面が開かない，せっかく入力ができても情報を送信できないといった問題が発生し，かえって非効率になることもあることから，システム導入前の確認が重要となってくる。

　「合算・連結調整プロセス」においては，主に換算処理，連結方法（グローバル連結収益管理においては簡易連結が一般的）についてのシステム要件が整理される。換算処理については，予算や見通しといった計画用の予算レートを定義できることが求められる。また，実績においては，期中平均レート（アベレージレート），決算時為替レート（カレントレート），取引発生時レート（ヒストリカルレート）を各勘定科目（PL/BS項目）によって使い分けが必要となることから，複数の換算レートを利用できることが求められる。

　グローバル連結収益管理での連結方法は不要であることから，前年実績による消去率にて消去できることや，金額の大きいほうに寄せる，売り側に寄せ調整仕訳は実施しないなど一定のルールに基づき内部取引消去額を決定できることなどが求められる。

　B社の場合も一般的な要件と同様であったが，サブ連結，フラット連結機能の要件があったことが大きなポイントである。地域統括会社ではサブ連結のため地域グループ会社の情報収集を行い，サブ連結完了後に各地域グループ会社の一部の情報とサブ連結情報を親会社に送る流れとなっていたため，非常に時間がかかっていた。これを狙いにあった，「データの投入から社内あるいは外部開示までの時間短縮を図る」ためにB社によるフラット連結ができることも必須要件として挙げられた。

　「第3章の6　システム／テクノロジー」でも述べた，「サブ連結」「フラッ

ト連結」はグループ経営管理システムを検討するにおいては決まって議論になるポイントであるため，収益管理責任や組織機能と合わせて検討をしておいていただきたいポイントである。

　以上がB社での，グループ経営管理システム「データ収集プロセス」「合算・連結調整プロセス」「レポーティングプロセス」における主要機能要件の抽出事例となる。

ⅱ．ソリューション選定

　システム機能要件の抽出ができたらその機能を実現できるグループ経営管理システムのソリューション検討に入る。オンプレミスの自社でのシステム開発か市販パッケージシステムか，あるいはクラウドのSaaS型システムか。パッケージシステムやSaaS型の場合は，収集と集計・加工とレポーティングと別システムとするかソリューションの選定を実施していく。

　ソリューション選定は，システム機能要件の他にも，ソリューションを提供する会社の信頼性，製品・サービスのロードマップ（将来の機能追加の予定など），コスト（導入費用，年間のライセンスや維持・保守の費用），さらにはシステムを動かすサーバーについて，

- 冗長性：万一のときの予備や余裕の有無
- 可用性：システムが継続して正常に稼働し使用できる度合いや能力
- 拡張性：機能・機器の追加やそれらの性能を後から向上できる度合いや能力
- 性能：応答速度やデータの処理能力，処理可能なデータ容量
- セキュリティ：外部からの不正アクセス防止策

など，総合して検討する必要があり，その評価のために検討できるソリューションベンダーに対し，情報提供を依頼するRFI（Request For Information）や提案を依頼するRFP（Request For Proposal）を渡し，その回答をもらい，ソリューションのデモンストレーションを受け，評価，決定をすることとなる。

　B社においても，RFPにそもそもの狙いや現状どういったグローバル連結収益管理をやっているか，今後のありたい姿とシステム要件などの情報を記載し，複数のソリューションベンダーに提供，その回答を比較評価してソリューションを選定した。複数の候補があった中，最終的には，オンプレミスの市販パッケージシステムを採用し，収集から基本的なレポーティングまで1つのシステムで実現することに至った。その背景は，世の中で多く使われる機能を具備したパッケージを活用することで，開発コストを抑えながら業務も標準化していくことができる点，B社のシステム要件のいくつかはB社独自の要件であり，柔軟にシステムへ機能追加ができる必要があった点を重視したからである。なお，経営層向けのマネジメントレポートに関しては，既存で利用しているダッシュボードレポートを引き続き活用することとし，新しいグローバル経営管理システムとデータ連携を行ってレポーティングすることとした。

　グループ経営管理システムのソリューション選定において，留意すべき点が2点ある。1つ目は収集機能におけるソリューション選定である。グローバル連結収益管理を実践する場合，対象となる海外グループ会社のPCスペックやExcelのバージョン，WEBブラウザの種類やバージョンが地域や会社によって異なる。選定するソリューションによっては，推奨されないPCスペックや利用を保証しないExcelのバージョンやWEBブラウザも存在する。システム導入をしてから気がつくのでは遅すぎるため，ソリューション選定の段階で各地域，グループ会社の状況を調査し把握しておくことが重要である。B社は制度連結システムの情報を基にある程度の把握はできたものの，詳細までは不明であり，事前にヒアリングシートを用意し情報収集を行った。

　2点目は，上記の調査も含め，ソリューション選定は，RFIやRFPの作成・送付，ソリューションベンダーからの回答，デモンストレーション，回答・デモンストレーションの評価，社内稟議等最終決定，とやることも多く時間がかかるものである。そのため，システム導入開始からシステム稼働のスケジュールを定め，その開始までに社内調整を含めたソリューション選定完了のスケジュールを計画した上で進めていく必要がある。これまで筆者が見てきた企業

は最終的な社内稟議のための調整に特に時間を要することが多かったため，ぜひとも余裕のあるスケジュールづくりと，前広にスケジュール調整をしておくことを意識いただきたい。

③ システム導入

システム導入は，ソリューション選定で決定したグループ経営管理システムのパッケージシステムにB社に合わせた設定や追加機能開発を行い，その機能が要件どおりに正しく動作するか検証を行い，構築していく作業である。

ここでは，B社が掲げたプロジェクトの狙いをシステム導入にてどう実現したのか，そのポイントについて見ていきたい。基本的には，システム機能要件がパッケージシステムの標準に持つ機能で充足できることを前提にソリューション選定を行ったことから，狙いに掲げた3つのポイントはパッケージシステムを導入することで概ねその実現が可能となった。

その中でも以下の2つは狙いの実現において効果的であったため，ご紹介しておきたい。

【サブ連結・フラット連結イメージ】

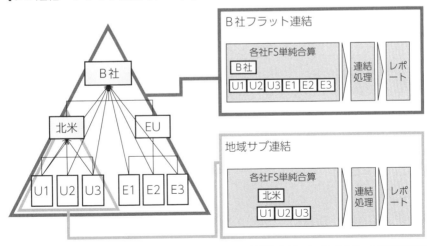

(出所) アビームコンサルティングにて作成

ⅰ. サブ連結とフラット連結の実現

　サブ連結とフラット連結の導入が狙いの１つである，「データ投入から開示までの短縮」に，大きく寄与し大きな効果を出す結果となった。システム的にはグループ会社がシステムに収益管理情報を入力すると親会社であるＢ社と地域統括会社に情報が同時に連携されるため，これまでのように地域連結を待って親会社の連結処理をしなくとも全体の処理を並行にスタートできることで開示のスピードアップに大きく貢献した。

　なお，サブ連結の処理方法は，親会社の簡易連結処理をテンプレートにして導入を行ったことで，各地域で行われるグローバル連結収益管理は親会社と同様でここにおいても一貫性を持った管理を実現した。それに付随して，合算・連結処理プロセスの標準化が図れるため，今後駐在員が本社から地域統括あるいは地域統括間で移動があってもほぼ同じ業務が実行できることとなる。さらに，同一パッケージシステムでテンプレート化もしていることから，狙いに掲げた，グループ同一システム利用によるコスト削減においても，システム連携の複雑性を排除しシンプルなつくりになったことから運用コストの低減も期待できる結果となった。

ⅱ. 収集フォームの統一化と入力チェック，代入機能

　同じくフラット連結を採用したことにより収集フォームが統一化され，狙いの「情報の正確性担保」にも大きな効果が出た。これまでは地域統括ごとにフォームが異なることで親会社が集めたい情報項目に対し違った意味合いの情報が入っていたり，そもそも誤っていたりということが散見されていた。親会社でフォームを管理することで一元管理でき，誤りの是正もしやすい仕組みを整えることができた。加えて，プロジェクトでは説明会やトレーニングの開催，システム稼働後も定期的な説明を設けることでさらなる強化も実施している。

　さらにもう１点，情報の正確性担保に効果があった点として，システムでの入力チェックと代入機能を積極的に活用した点が挙げられる。入力必須項目が入っていない，他の項目と整合性が取れないといったケースでエラーを出す。入力情報からの四則演算結果や他項目と同じ内容，前年の同じ項目などをシス

テムで代入させる。こういった機能を活用することで誤入力を防ぎ，正確性を担保することとした。数百社に上るグループ会社が例えば1つずつ誤入力しただけでも，その数百社分の対応が必要となる。ちりも積もれば，であり，管理するグループ会社が多ければ多いほど，参考にしていただきたいポイントである。

　なお，事業別で連結，地域別で連結，地域×事業のマトリクスで連結と複数の管理セグメントを集計し分析をしていくことは，このプロジェクトにおいて一番の狙いであり，この点については大きな問題なく実現ができた。というのも商品コードはもともと商社で扱っている商品であること，グループ会社の多くは単一商品を扱う会社であったことからコードを統一化して標準化すること自体はそれほど難易度が高いものではなかった。国情報においても会社情報の一部として保持できていることからその情報を活用することができた。

　ただし，商品コードを正しく集めてくるというポイントにおいては，情報の正確性担保にあった説明会やトレーニングを通じてその理解と情報提供のお願いに注力をした。

＊　＊　＊

　以上，第4章においては，A社，B社の事例をもってグローバル連結収益管理をいかに実現していったかについて紹介させていただいた。

　すべてが貴社のグローバル連結収益管理の参考になるわけではなく，当てはまる部分もあれば当てはまらない部分もあるだろう。それぞれどういった判断でそのやり方を採用したのかその点を参考にしていただき，貴社でのグローバル連結収益管理の実現に役立てていただきたい。

第5章

グローバル連結収益管理の未来

　本章では，グローバル連結収益管理に今後どういったことが求められ，何をしなければいけないのかその未来について見ていきたいと思う。

　最初に今後10年のグローバル連結収益管理を取り巻くビジネス環境がどのような変化があるのかPEST（ P ＝Politics：政治，E＝ Economy：経済，S=Society：社会，T=Technology：技術）分析を用いて整理をしたい。

1　次の10年のビジネス環境（PEST分析）

政治：世界的に自国主義を前提とした国際協調の時代へと入っていくのではないだろうか。コロナ禍を通じ，各国政府は自国民の生命・安全を最優先（国ごとに感染状況が異なる，他国支援の余裕なし）に行動をしてきた。今後新型コロナウイルスがどうなっていくのかいまだ見当はつかない。収束を迎えるかもしれないし，新たな変異株が生まれ感染が拡大しまた収束を迎えるといった繰り返しになるかもしれない。そういった不安を抱えながら世の中が進んでいくことになるだろう。そうした不確実性に対し，各国政府は，自国および自国民を守ることを当然のことながら最優先とし政策を進めることとなるだろう。一方，対外的な活動，特に国際協調に目を向けると，米中対立構造も解決の見通しは立たず，BrexitなどEU統合への反発の動きもある。そうしたことを背景に各経済連携協定はより強固な連携姿勢を表明しながら，これまでどおりASEAN，EU，GCC諸国，TPP，RCEP，一帯一路等の枠組みを維持（ただし，中には離脱をする国もある）していくこととなるだろう。それは，自国主義を前提としながらも国民生活を維持するためのあらゆる資源を自国で賄うことは困難であり，国際貿易は必要不可欠かつそれを優位に行うためにも国際協調の枠組みを利用せざるを得ないからである。ただし，各国が自国への供給を優先する，輸入に頼らず自国生産に動いていくことで，戦略的に重要な有志国との連携を重視した外交，協調へと変化していくことにはなる。そのため，自国を優先しつつも国際協調維持（特に戦略的重要性の高い有志国と）の動きとなる

と想定される。

　経済：日本経済はWithコロナ，Afterコロナにせよ，コロナ禍の生活に慣れていくことで，緩やかな経済成長が見込まれる。コロナ禍前からの反動による消費拡大，生産性向上へ向けたリモート化・自動化への投資，DXの推進，カーボンニュートラル・環境対応のための設備投資，研究開発投資の増加に伴う経済効果が期待できる。その一方で感染拡大に対応する約108兆円に及ぶ大幅な歳出増加を含めた財政健全化，社会的課題である人口減少・高齢化，それに伴う社会保障制度維持のために消費税率を現在の10％（軽減税率８％）から引き上げるようなことも想定されることから成長は緩やかとなるだろう。

　グローバルにおいてはこれまでの経済成長からすると鈍化傾向になっていくと見込まれる。同じくコロナ禍前からの反動による経済効果があるものの地域にもよるが新型コロナウイルス対応による財政悪化の立て直し，生産年齢人口の減少等状況に大きな違いはない。

　なお，グローバル経済はこれまでもアジア通貨危機，リーマンショックなど金融危機の世界を乗り越え持ち直すこともできた。その一方で，金融危機のグローバルでの波及リスクが高まっている。一国や一部地域で生じる金融危機が，全く無関係とも思われる国や産業にも影響を及ぼすリスクが今後もあり得ることは押さえておきたい。

　社会：世界では人口増加。特にアジア地域（インド，パキスタン，インドネシア），アフリカ地域（コンゴ共和国，エチオピア，タンザニア連合共和国，エジプト），米国は2050年までに予想される人口増加の過半を占めることとなる。ちなみにインドは2027年頃に中国を抜いて人口世界一となることが予測されている[1]。中国からインドへとマーケットが変化する可能性もある。一方，日本はご存じのとおり人口減少・少子高齢化が進んでいく状況となる。これを解消するためにも今後も働き方改革が進んでいくだろう。テレワークの定着化，

1　参考文献：国際連合プレスリリース「世界人口推計2019年版：要旨　10の主要な調査結果（日本語訳）」（国際連合広報センター，2019年７月２日），国際連合「世界人口推計2019年版　データブックレット」（国際連合広報センター，2019年７月）。

リモート化・自動化等の生産性を上げる施策，時間にとらわれない自由な就業，女性・高齢者・外国人の労働参加，副業にワークシェアリングなど労働力を補う施策が求められる。

　また，コロナ禍を通じて企業は経済的価値だけでなく社会的価値をより重視する動きとなり，この動きは今後も加速することが想定される。SDGsの高まりは言うまでもなく，その中でも特に地球温暖化問題をはじめとする気候変動リスクにおいてはIFRS財団でも，サステナビリティ基準審議会（SSB）の設立を議論し気候変動問題を優先して着手する方向性を示している[2]。機関投資家もESGを重視し投資判断をしていることからも企業も安定的資金確保のため経済的価値と社会的価値の両立を図った企業経営が求められる。さらに，こうした社会的価値創出のためにも自社だけで物事を成し遂げるのでなく，共創の上，社会課題を解決する動きや新たな価値を共創によって生み出すことも求められるようになるだろう。

　技術：引き続きDXを推進していくこととなるだろう。コロナ禍による景気後退に伴いデジタル投資は一時的にペンディングした企業もあったが，生産性拡大の必要性から多くの企業でコーポレート機能を中心とした「守りのDX」だけでなくビジネスモデル変革や新規事業創出等の「攻めのDX」にシフトしていくと考えられる。グローバル連結収益管理であれば，企業のケイパビリティを高めるエンタープライズトランスフォーメーション，社会課題を業界横断で解決するソーシャルトランスフォーメーションにおけるデジタル活用が進んでいくだろう。また，デジタルの中心となるのはAIであろう。AIスピーカーやAI家電（掃除機や洗濯機等），自動運転，ロボットと急速に発展普及しつつあり，一層のコモディティ化を迎えることとなる。今後も量子コンピュータなどによる処理能力の増加，あらゆるデバイスからの情報収集によるデータ量の増加，利活用によるデータ品質の向上によってビジネスにおけるAIの活用も当然のこととなる。

2　参考文献：税務研究会「経営財務データベース（3475号）」。

　また，不確実性の高まりによる変化対応力が次世代ビジネスアプリケーションにも求められてきている。コンポーザブル・アプリケーションといわれ，これまで1つのシステムで管理されていたビジネスを分割（システム的にはモジュールやコンポーネントといった単位）し，それらを組み合わせ結合させてビジネスを行うシステム構築手法である。

　これまで多くの企業では基幹システム，ERPパッケージシステムなど，データを集中管理する仕組みでビジネスを実行してきたが，ビジネスの環境変化に対して柔軟な対応や問題があったときのシステム改修にその煩雑さから工数や時間がかかる問題が生じていた。予測が困難になることに伴う不確実性から受けるインパクトが大きくなる今後においては，ビジネス環境の変化に柔軟にスピーディに対応できるシステムが求められる。この点がコンポーザブル・アプリケーションが注目されるポイントである。分割される単位は個々の業務を完結処理できるアプリケーション単位と考えられ，現在のマイクロサービス（同じように小さい機能を組み合わせ1つのアプリケーションを構築する手法）に比べ大きな単位で，結合されるビジネスも少数となる。

【次の10年のビジネス環境（PEST分析）】

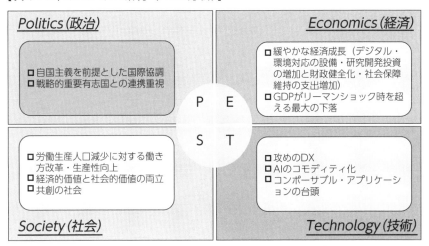

（出所）アビームコンサルティングにて作成

　こうした，ビジネス環境の変化に柔軟に対応できるコンポーサブル・アプリケーションの考えに沿ったSaaS製品やパッケージ製品が台頭してくるであろう。

2　　グローバル連結収益管理のキーワード

　ここでは，次の10年のビジネス環境をPEST分析した結果から，グローバル連結収益管理をグローバル，連結，収益管理の３つの視点とその仕組みを支えるシステム（デジタルテクノロジー）について将来に向け必要となる検討ポイントを整理する。これからグローバル連結収益管理を実践する方も，すでに実践している方もベストプラクティスとともに参考にしていただきたい。

(1)　グローバルのあり方〜国・地域別連結〜

　PEST分析において，グローバルと関連するポイントとして，自国主義を前提とした国際協調，戦略的重要有志国との連携重視を挙げた。これまでどおり，日本だけでなく海外をターゲットにビジネス展開は続いていくであろうが，ヒト・モノ・カネのグローバル分断が続けばビジネスにおいてもどの国・地域とビジネスを強化していくか，どの国・地域は諦めるかの選択に迫られる場面が出てくるであろう。各企業において，どのような会計戦略をおいているかはもちろんあるが，その国・地域で，利益が上げられているのか，キャッシュを生み出しているのか，投資に値するのか，を見極められる仕組みとしてグローバル連結収益管理は重要となってくる。通り一遍に，グローバル展開を図るのではなく取捨選択が求められ，その判断ができる仕組みとなっているかがポイントである。

　そのために必要なことは，国・地域別での連結である。グループ全社では，利益を出せているが，北米，EU，アジアではどうか。EU全体では利益を出せているが，国レベルではどうか。実は国レベルで見てみると，XX国では内部

取引ばかりで外部からの売上はほとんど上がっていない。感染拡大により主要顧客がEUの隣国に移転，別のグループ会社をとおして販売することになり外部売上が立たなくなった。では，撤退すべきかどうかは経営判断になるが，こうしたことは，国や地域別の連結が見えていないと判断がつかないものである。他にもBSやCFの情報が見えているかによってグループ内でお金が回っているだけか外部からの新たなキャッシュを生み出せているかも重要な要素となってくる。

　グローバル連結収益管理の情報として，国や地域の情報は会社情報に紐付けて管理できPLレベルは現在も実施されている企業もあるとは思うが，BSやCFの実績，あるいはPLを含めた将来見通しまで管理ができている企業は意外に少ない。また，柔軟な連結処理ができるシステムを用意していないため，国・地域レベルまで連結管理はできていないといった企業も多いだろう。今後のグローバルのあり方をとらえたときには，グローバル戦略をどうしていくか，管理できる仕組みをシステム構築でも統括会社，サブ連結組織に任せる判断ができる仕組みを備えておきたいところである。

⑵　連結のあり方〜共創における連結〜

　次の10年のビジネス環境を見たときに共創は重要なテーマである。新型コロナウイルス感染拡大の前からプロダクトライフサイクルの短期化，消費者ニーズの多様化を背景にオープンイノベーションやエコシステムの活発化，SDGsの高まりにより1企業だけでなく複数企業が協力して新たな価値創造や社会的課題の解決を図る動きがあった。新型コロナウイルス感染拡大により人々の行動は一変し，個人の価値観の変化，企業の働き方や収益構造にも変化が起き今後のビジネス環境もますます複雑化・多様化してきている。また，感染拡大を乗り切るためにも共存・共生は重要なテーマとなり，ともに社会的課題を解決していく必要性を改めて認識することとなった。1企業だけでこれまでの経済的価値だけに重きを置き，自前主義でビジネスを継続するやり方ではいずれ淘汰される。複数の企業と，自社にはない技術や知見や人材を活用し共創するこ

とによって新たな価値を生み，社会的課題を解決していくことが次の10年のビジネスにおいて重要となってくる。

　グローバル連結収益管理においては，経営戦略から共創の必要性および共創することでの価値創出の可能性を判断していく必要がある。共創から収益を生み出すことができるかをシミュレーションできる必要があり，実際に収益を生み出せているかを判断できる仕組みも必要となってくる。つまり，自社グループだけでなく，連結外の企業と連結しシミュレーションができることが求められてくる。

　一般的な連結決算システムを利用している企業であれば，グループ会社の買収や売却はあり得るため，共創先の情報や想定情報があれば連結内として試算してみる，といったことはできなくないかもしれないが，実際にいろいろなパターンでシミュレーションしようとすると，いろいろな設定をしないとできなかったり，気軽にパターンを変えて試したりといったことに柔軟に対応することは難しかったりもする。

　システムにおいては，決まった連結範囲のパターンでしか処理ができないといったつくりや，決まった処理しかできないようなつくりではなく，複数の連結範囲のパターンで連結処理ができる，いろいろなパターンで連結処理ができるよう構築しておくことが重要である。

⑶　収益管理のあり方〜非財務情報の収集〜

①　経済的価値と社会的価値の両立

　今後のグローバル連結収益管理を行う上での大きな潮流といえるのがPEST分析における経済的価値と社会的価値の両立である。先にも述べたとおりSDGsやESGへの関心の高まりは言うまでもなく，すでに多くの企業でもその重要性を認識し専門組織も立ち上げ，企業活動の1つとして取り組んでいる。その背景について，機関投資家，企業，消費者の視点から見ていきたい[3]。

　機関投資家においては，国連が2006年に「責任投資原則（PRI）」を提唱，2015年に日本の年金積立金管理運用独立行政法人（GPIF）もPRIに署名した

ことで，国内の機関投資家による積極的なESG投資が進むきっかけとなった。GPIFを例に見てみると，年金制度を持続可能にするための仕組みの１つとして，将来世代の給付のため100年にわたって年金積立金を活用していくことを掲げている。当然目先の利益だけを追求している企業よりも，100年先においても存続し収益を上げられる企業に投資するほうが，年金制度を維持できる結果となる。つまり，100年先の将来にわたって環境，社会，人々の健康，経済へ配慮し，透明・公正かつ迅速・果断な意思決定を持続できる企業に投資したほうが年金制度の維持を可能にすることとなる。これはGPIFに限らず多くの生保，損保，銀行，政府系金融機関などの機関投資家も同様であり，預かっているお金を長期に安定的に運用できる企業に投資したいと思うことは至極当然である。そのため，財務諸表に表れる経済的な企業価値だけではなく，財務諸表に表れない目に見えない社会的な価値（非財務情報）を判断して投資がなされるようになっている。

消費者においても，社会のサステナブル，SDGsへの関心の高まりととともに「エシカル消費」「サステナブル消費」など，ESGに配慮した購買行動がトレンドになっている。特に次の10年にビジネスの中心的な役割を果たす「Ｚ世代」たちは脱炭素や脱プラスチックなどの地球環境課題，グローバルな人権問題などの社会的課題にも敏感である。「Ｚ世代」の企業の社会的価値を重視した価値観により社会的な行動変容がますます明確な動きとなってくるだろう。

機関投資家，消費者の動きから企業側もこれに応えないわけにはいかない。環境や社会に配慮しESGを意識した経営をしていくことで，企業自身も長期的安定的な資金調達を確保することができ，消費者のESGを意識した行動変容により収益にも直接的に影響が出てくる。財務的な経済的価値にばかり目を向けてはいられず，ESGをベースとした社会的価値も向上させ企業価値を高めていくことが重要となる。

3　参考文献：ダイヤモンド社「ハーバード・ビジネス・レビュー」2021年１月号特集「ESG経営の実践」（ダイヤモンド社，2021年１月），柳 良平『CFOポリシー 財務・非財務戦略による価値創造』（中央経済社，2019年12月）。

　では，経済的価値と社会的価値の両立が求められていく今後において，グローバル連結収益管理はどうあるべきか。それはESGの取組みをグローバル連結収益管理の中で実践していくこと，そのために非財務情報を管理していくことにある。

　すでに多くの企業で非財務情報の開示として統合報告書やサステナブルレポートなどを発行している。しかし，残念ながら日系企業と米系企業を比べると株主資本は同等であっても時価総額では米系企業とは数倍から数十倍の開きがある。まだまだ日系企業は投資先としての魅力を訴える内容になっていないのが実情である（もちろん，海外投資家向けに開示をしているか，その企業だけではなく日本国全体としての投資の魅力があるか，といった影響もあるが）。これは，ESGへの取組み自体が足りていないこともあれば，非財務情報の開示が十分でないこともある。ESGに真摯に取り組み，その成果を開示し投資家，消費者等ステークホルダーから「企業価値の高い企業＝長期的に価値がある企業」と判断してもらうためにも，グローバル連結収益管理の中でESGを取り込んで管理していくことが重要となってくる。

②　ESG活動の評価

　グローバル連結収益管理の中でESGに取り組んで管理する方法は，第3章のベストプラクティスと同様の実践である。

　企業のパーパスから始まり，ESGにおける経営戦略・目標を設定し，さらにKPIを定義し管理プロセスを実行していく。まさにこの流れが必要となる。

　パーパスは企業の「存在意義」を示すがこれは「社会的な意義」も同時に求められる。社会にとってその企業が存在することでどんな嬉しさがあるのか，どんな価値を提供してくれるのかである。このパーパスの定義ができていれば，「社会的な意義」の側面から，その企業が創出できる「社会的価値」が見え，経営戦略への落とし込みもできるようになる。経営戦略や経営目標，計画においても財務的な定義と同様に事業別，機能別，あるいは地域別にESG戦略，目標・計画を設定し，KPIを定義し管理を実行していくことが必要である。経営

企画やIR部門にお任せではなく，各事業や機能において，どう社会的価値向上に向けた戦略を立てるか，どんな目標・計画で取り組んでいくのか，そして部門・個人のKPIまで自分ごととして取り組むことが求められる。

　そうすることで，ベストプラクティスと同様に整合性のとれた経営理念・戦略・目標・KPIの構築が可能となり，管理プロセスを実行することで，結果を評価，改善するサイクルを構築できることとなる。

【ESGを考慮したKPI設定の例】

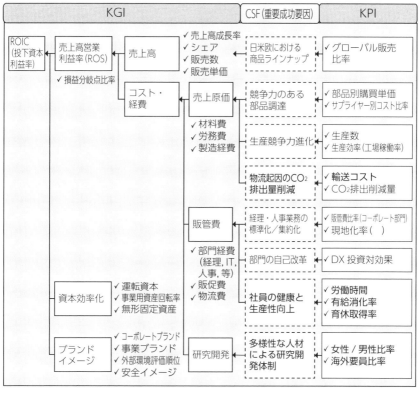

（出所）アビームコンサルティングにて作成

③　非財務情報の収集

　具体的にグローバル連結収益管理の中でESG管理を行うためには，非財務情報を収集できる仕組みが必要不可欠である。実際に収集される情報は，前頁の図「ESGを考慮したKPI設定の例」にあるような，CO_2排出量，従業員男女比率（地域別・管理職別），労働情報（労働時間・有給消化率・育休取得率）といった情報の他，サプライヤーに関する情報，自然災害・事故リスク，電気・ガス・水使用量など数百種類のESG情報となる。

　当然，数百種類のESG情報すべてが各企業で必要なわけではなく，整合性をとった経営理念・戦略・目標・KPIを設定することで自社に必要な情報が見えてくる。ただし，実際どんなESG情報が自社の企業活動に影響を与えるのか，現状では手探りである企業が多く，取得可能な情報はできるだけ集め，企業価値（売上，営業利益，株価，ROE，PBR等）との相関関係を見出し，取捨選択をしていくことから始める必要がある。そうした活動から自社のビジネス活動と相関のあるESG情報を絞り込んでいくことが有効である。

　単に連結収益管理を行うためにグループ会社から統一されたデータを収集するだけでも難しいが，さらに，ESGに関わる非財務情報を収集することはより難易度が高くなる。上記のアプローチの場合，数もさることながら，ESGに関する情報はデータ形式（Excel，PDFなど）もグループ会社によって様々であるためにさらに収集を困難にさせる。それぞれのデータ形式で集められてもその後の集計作業は非常に負荷の高いものとなる。こちらも非常に難易度が高いものである。

　非財務情報を収集することは非常に難易度が高いものではあるが，次の10年のグローバル連結収益管理を実践していくためには取り組むべき事項である。そのためにも，次の項にある，デジタルテクノロジーを活用することが重要であり，デジタルを駆使して実践していっていただきたい。

④　統合報告書による開示

　非財務情報を収集し，ESG活動を評価する，最終的にそれらは投資家をはじ

めとするステークホルダー向けに開示されることで企業価値の評価へとつなが
る。今や641社（2021年9月現在 企業価値レポーティング・ラボ調べ）の企業
が統合報告書を作成しており，すでに有価証券報告書と並び重要な位置づけと
なってきている。統合報告書の開示内容から長期的に価値がある企業と見てと
れれば，株価は上がり，その結果，時価総額も向上する。一方，素晴らしい活
動ができていたとしても，その内容がステークホルダーの期待値とは違う，あ
るいは正しく伝えられなければ株価は下がり，時価総額を低下させる結果にも
なる。

　まだ，統合報告書の開示に向けた取組みができていない企業は，社内での開
示の必要性や開示内容を議論の上，前述の②ESG活動の評価，③非財務情報の
収集，に取り組んでほしい。作成，開示することが目的ではない。もちろん，
競合他社が作成しているのに，当社だけ作成しないわけにはいかないといった
こともあるだろうが，本来は，企業の「経済的価値」と「社会的価値」の両方
を上げ企業価値を向上させる（＝ステークホルダーの満足につながる）ことが
目的である。作成にあたっては，ESG等サステナビリティ事項と，各企業の長
期的な経営戦略や会計戦略それに紐付くKPIとの結び付きがとらえられること
が重要である。単に③非財務情報の収集で述べたような非財務情報を羅列して
も意味はなく，企業が取り組むべきESG等サステナビリティ事項が経営戦略や
会計戦略，KPIとどう関係しどう価値を生み出していくのか，経営者の認識や
ガバナンス体制などを統合して開示することが求められる。また，この開示を
通じ，投資家や従業員，取引先や顧客などのステークホルダーと対話（エン
ゲージメント）を深め，経営戦略・会計戦略をアップデートしていくことでさ
らなる企業価値向上のサイクルを回していくことが必要不可欠である。

　また，基準となるフレームワークが各国，各団体で策定，公表されており，
そういった基準を参考に作成することが始めるにあたっては有効である。ただ
し，陥りやすい罠として，基準どおりに作成することに注力しそれに満足して
しまうことである。各企業において取り組むべきESG等サステナビリティ事項
は異なり，そこにおける経営戦略や会計戦略，KPIとの関係性は企業独自のも

のである。基準どおりに作りました，では，その企業の独自性は見えず必ずし
も企業価値の向上につながるとはいえない。基準を活用しつつも独自性を担保
し，基準との違いがあればその違いを説明するといったことも必要となってく
る。現在，基準となるフレームワークを作成している団体は第1章で述べたと
おり複数存在している。IFRS財団は2022年6月までにCDSB（気候変動開示基
準委員会：Climate Disclosure Standards Board）およびVRF（価値報告財団：
Value Reporting Foundation）をISSB（国際サステナビリティ基準審議会：
International Sustainability Standard Board）に統合する方向で動いているも
のの，その他にも，欧州委員会によるCSRD（サステナビリティ情報開示指
令：Corporate Sustainability Reporting Directive）や日本のTCFD（気候関
連財務情報開示タスクフォース：Task Force on Climate-related Financial
Disclosures）など複数の基準やルールが存在している状態である。有価証券
報告書上でのTCFD提言の開示義務化の流れもあるが，それはさておき，統合
報告書上どれを参考にしていくかは各企業で選択できる。今後も統廃合や会計
基準と同じような基準変更，コンバージェンス（自国会計基準として国際財務
報告基準であるIFRSを採用するのではなく，自国基準をIFRSに歩み寄らせる
こと）のような変化も想定されることから，基準の動向を見ながら作成して
いっていただきたい。

　すでに開示している企業は，価値創造プロセスが真に企業価値向上へと寄与
しているのか，その検証と評価の実施，その結果を開示していくことが重要な
ステージに入ってきている。

　ここでは対外的な活動と対内的な活動が必要である。対外的には，開示した
内容について，積極的にステークホルダーと建設的な対話を実施し，そこで得
た新たな視座や提言に基づき，戦略や施策を立案，実行していくことで一層の
企業価値向上に努めていく必要がある。対内的には，まさにグローバル連結収
益管理の中で実践される，ESGにおける各事業，各機能での計画，KPIの達成
度の確認である。価値創造プロセスに基づく計画とKPIが定義できていればそ
れと比較検証，分析をしていくことで評価が可能となる。

　現状，会社全体と各事業，各機能におけるESG等サステナビリティ事項と，各企業の長期的な経営戦略や会計戦略それに紐付くKPIとが連動した価値創造プロセスの定義，部門，個人単位でのアクションまで結び付けられている企業は少ない。そのためにも，まずは，当初定義した価値創造プロセスに基づき，全社としての結果とその結果との各事業各機能あるいは各部門各個人の関係性と寄与を評価し整理してほしい。結果の良し悪しだけでなく，課題や新たな視座が出てくることで持続的な企業の成長へとつながっていくこととなる。

　以上，収益管理のあり方として，①経済的価値と社会的価値の両立，②ESG活動の評価，③非財務情報の収集，④統合報告書による開示，について述べた。今後もグローバル連結収益管理が担う役割が広がっていき，重要性も増していくことが見えたのではないだろうか。

⑷　次の10年を支えるデジタルテクノロジー

　最初の項のPEST分析にて，攻めのDX，AIのコモディティ化，コンポーサブル・アプリケーションの台頭について述べた。これらのテクノロジーは，グローバル連結収益管理のキーワードとして挙げた国・地域別連結，共創における連結，非財務情報の収集，を実践していく上で大きく関連するテーマである。まず前述した非財務情報の収集との関係性から見ていきたい。

　前項にて，グローバル連結収益管理の中でESGを管理するには，非財務情報を収集できる仕組みが必要不可欠であるということを述べた。数百種類のESG情報をどう集めるか，自社の企業活動に影響を与えるESG指標は何か（企業価値との相関関係からの取捨選択），それを人の手で実施することは困難である。この解決にはAIのコモディティ化が期待できる。ESG情報をどう集めるか。その収集方法においては，非財務情報のありかとその形式（Excel，PDFなど）がわかれば自動的に判別し収集することは難しくない。しかもAIであれば検索先を指定できればキーワードから抽出することも可能である。すでに弊社でも，自然言語処理技術を用いSNSの口コミデータにある自社や製品名の略称，

ニックネームから情報を特定し，そのコメントからポジティブ・ネガティブポイントを抽出，製品改善，新製品投入に活用しているような事例もある。また，ESG指標となる非財務情報の判断も，統計解析や機械学習でも実現可能であることからAIにより自動的に判別し提案まで行うことも可能である。こちらも弊社の事例になるが「ABeam Digital ESG Platform」にて，企業価値とESGの関係性を示唆し企業価値向上に影響を与えているESG指標を判断できる仕組みもすでにある。

　そもそものESG情報がどこにあるかの整理が必要であり，AIのコモディティ化もまだまだ道半ばでコスト面での課題や技術的制約もあるが，近い将来，自動的に情報を収集・定量化・集約化し情報開示できる仕組みまでできるようになるだろう。

　こうしたデジタルテクノロジーを活用したESGの取組みが進めば，企業の社会的価値を高める，ひいては企業価値を高めることにつながるだろう。これはまさしく「攻めのDX」であり，企業におけるソーシャルトランスフォーメーションへの取組みである。次の10年に向け取り組むべき重要なテーマである。

　次に，国・地域別連結，共創における連結において，柔軟な連結処理，複数の連結範囲のパターンで連結処理ができる，いろいろなパターンで連結処理ができるといったことが求められることを述べた。

　つまり，あまり型にはまったシステムを用意するのではなく，柔軟で変化に対応しやすいシステム構築が求められることとなる。これは，ビジネス環境の変化に柔軟にスピーディに対応できるようコンポーサブル・アプリケーションの概念を取り込み実践していきたい。

　グローバル連結収益管理の仕組みは大きく，収集，集計・加工，レポートの3つの領域に分けられる。もともと，複数のグループ会社から情報を集め連結処理が必要であることから，ERPとは疎結合であり，収集，集計・加工，レポートが機能的に分かれているパッケージも多いため，比較的コンポーサブル・アプリケーションの概念に近いつくりとなっている。それでも，ビジネスの変化に対しては3つの領域の整合性をかなり意識して対応する必要がある。

まして，制度連結と一体となっている場合には，制度連結に影響を与えることはできないため，より一層の注意が必要となってくる。

昨今，グローバル連結収益管理におけるデジタルテクノロジーも発展してきており，収集の効率性を意識した製品，集計・加工に強く多様な分析やシミュレーションを得意とする製品，ビジュアルなダッシュボードや簡単にレイアウトを作成できるレポート製品などのクラウド製品も多く存在する。こういった製品を組み合わせ，柔軟なつくりとしてビジネス変化に対応できる環境を構築していくことも必要である。

また，システム自体に変化への柔軟性を備えておくことも重要である。前述の非財務情報の話もそうであるが，KPIの変化に応じてレポートのレイアウトや収集したい情報はその時々で変化するレポートを作るのに半年かかる，収集情報を増やすためにデータベースのテーブル・項目拡張ができない，桁数が増やせない，データが増えるとシステムが動かない。そういったことがないよう，簡単にレポートが作成できる，項目拡張の自由度が高い，データ容量のスケーラビリティが高いなど，変化に対応できる仕組みを用意しておくことが重要である。

＊　＊　＊

以上，本最終章では，今後10年のグローバル連結収益管理を取り巻くビジネス環境の変化についてPEST分析を用い整理し，グローバル連結収益管理のキーワードとして，国・地域別連結，共創における連結，非財務情報の収集とその仕組みを支えるシステム（デジタルテクノロジー）としてのAI活用と柔軟性の考慮の重要性について見てきた。

次の10年においても，グローバル連結収益管理の役割は変わらず重要であり，ベースとなる実践方法も大きな変化はない。ただ，その中身（戦略・目標設定，KPIなど）は変化が必要である。それもグローバル連結収益管理ができていれば対応ができる。自信をもって取り組んでいただきたい。

おわりに

　「グローバル連結収益管理のベストプラクティス」と大それた題名で執筆したが，読んでいただきどう思われただろうか。管理連結と何が違うのか。これまでのグループ経営管理と違うのか。そう思われた読者も多かったのではないだろうか。そのとおりである。これまでの管理連結やグループ経営管理と本質的には大きく変わらない。経営理念に始まり，それに基づく戦略と目標を立て，実践していく。簡単に言ってしまえばそうかもしれない。

　では，今までの管理連結やグループ経営管理を実践し，グローバル企業と互角に渡り合える企業は日本にどれくらいあるのだろうか。何度も述べて申し訳ないが，「はじめに」の章で記載したとおり世界株式時価総額ランキング（2021年12月末）のTOP10には日本の企業名はない。TOP50まで見ると39位にトヨタ自動車が唯一ランキングされているのみである。IMD（国際経営開発研究所）が作成した2021年世界競争力年鑑（World Competitiveness Yearbook）の日本のランキングはどうか。31位である。失われた30年とはよく言ったもので，30年前の1989年世界株式時価総額ランキングではTOP５すべてが日系企業，そして32社がTOP50にランキング，IMDの世界競争力では日本が１位であった。残念ながら今や，企業価値，国際競争力ともに低下しグローバル企業と渡り合える企業は皆無に等しい。

　原因はもちろんいろいろあるとは思うが，その原因の１つに，今まで語られてきた管理連結やグループ経営管理を現場で実践することができてこなかったことにある。

　本書は，こういった現状を打破していきたいと思い執筆させていただいた。グローバル連結収益管理は，これまでの管理連結やグループ経営管理と本質的には大きく変わらない，と言ったが，企業理念の１つであるパーパスに始まり管理サイクルの実行，それを支える組織機能，システム／テクノロジーをトー

タルに導入，実践する方法を体系立てて説明されている書籍は少なく，あっても少々古いものとなっている。1つひとつの詳細は語り切れていないが，全体として何をやるべきか事例を参考にしながら実践できるよう記載した。

　また，本書ではバックキャスト思考や会計戦略についても触れている。グローバル企業にも負けないような姿を描いていただき経営戦略を立てる，その経営戦略を現場目標のKPIにつながるよう会計戦略をもって説明し，現場でやるべきことが明確になる。そんな姿になってほしいと思っている。

　株式会社日経BPコンサルティングビジネス情報サイト「周年記念ラボ」による調査によると，日本は創業100年以上の企業数が世界一多く，世界総数の約41％を占めているそうだ。200年以上の企業でみると65％まで上がるという。「第5章　グローバル連結収益管理の未来」でも触れた，経済的価値と社会的価値の両立ができる企業は，人を大事にし，社会と共創してきた日本企業の強みではないだろうか。こうした強みを活かしグローバル連結収益管理に取り組んでいただきたい。

　言うは易く行うは難し，ベストプラクティスを自社に導入し実践していくことは簡単なことではないが，我々のようなコンサルティングファームやパートナー企業を活用しグローバル連結収益管理を実現いただきたい。

　末筆ながら本書の出版にあたりご尽力いただいた株式会社中央経済社　石井直人様，アビームコンサルティングデジタルプロセスビジネスユニット　金村プリンシパル，デジタルプロセスビジネスユニットFMCセクター　今野シニアマネージャー，森川シニアコンサルタント，Closing&Disclosureサービスメンバー，コーポレート・コミュニケーションユニット樺澤シニアマネージャー，上原さんに心よりお礼を申し上げたい。

2022年5月
執筆者一同

【執筆者略歴】

髙木　雄一郎（たかぎ　ゆういちろう）

アビームコンサルティング株式会社　デジタルプロセスビジネスユニットFMCセクター　ダイレクター

グローバルコンサルティングファームを経て2009年アビームコンサルティング株式会社に入社。

20年以上にわたり，財務会計，管理会計に関する業務設計，システム導入等のコンサルティング業務に従事。

沼田　大輔（ぬまた　だいすけ）

アビームコンサルティング株式会社　デジタルプロセスビジネスユニットFMCセクター　シニアマネージャー

事業会社を経て2003年アビームコンサルティング株式会社に入社。

総合商社，自動車メーカーを中心にグループ経営管理・連結決算などの業務，システムコンサルティングに従事。

佐久間　達大（さくま　たつひろ）

アビームコンサルティング株式会社　デジタルプロセスビジネスユニットFMCセクター　マネージャー

事業会社を経て2011年アビームコンサルティング株式会社に入社。

製造業（総合化学，総合電機，自動車），物流業を中心に，管理会計・業績管理・KPI策定などの業務，システムコンサルティングに従事。

脇本　和矢（わきもと　かずや）

アビームコンサルティング株式会社　デジタルプロセスビジネスユニットFMCセクター　マネージャー

システムインテグレーターを経て，2013年アビームコンサルティング株式会社に入社。

総合商社，大手専門商社，アパレルメーカーなどの業種を対象に，会計業務設計，システム構想および構築支援，事業移管の実行支援，経営計画の策定支援などの業務，システムコンサルティングに従事。

山本　浩（やまもと　ひろし）

アビームコンサルティング株式会社　デジタルプロセスビジネスユニットFMCセクター　エキスパート

大手監査法人を経て2006年アビームコンサルティング株式会社に入社。

総合商社，陸運業，金属製品加工業などを中心に内部統制（J-SOX）・IFRS導入・管理会計構築支援など業務，システムコンサルティングに従事。

グローバル連結収益管理のベストプラクティス
～VUCA時代を生き抜く真の経営管理とは～

2022年6月10日　第1版第1刷発行

著　者　アビームコンサルティング
　　　　株　式　会　社

発行者　山　本　　　　継

発行所　㈱中央経済社

発売元　㈱中央経済グループ
　　　　パブリッシング

〒101-0051　東京都千代田区神田神保町1-31-2
電話　03 (3293) 3371(編集代表)
03 (3293) 3381(営業代表)
https://www.chuokeizai.co.jp
印刷／三英印刷㈱
製本／㈲井上製本所

© 2022
Printed in Japan